W0284790

Helga Föger

Das Mond Praxisbuch

Zeichenerklärung

Neumond
Zunehmender Mond
Vollmond
Abnehmender Mond

Widder
Stier
Zwillinge
Krebs
Löwe
Jungfrau
Waage
Skorpion
Schütze
Steinbock
Wassermann
Fische

Feuertrigone
Erdtrigone
Lufttrigone
Wassertrigone

Mondtabellen im Anhang

Die Uhrzeit vor dem Zeichen bedeutet:
Der Mond tritt zu diesem Zeitpunkt in das abgebildete Tierkreiszeichen ein.

Die Uhrzeit hinter dem Zeichen bedeutet:
Der Mond tritt zu diesem Zeitpunkt in das darauf folgende Tierkreiszeichen ein.

Helga Föger

Das Mond Praxisbuch

Vom richtigen Umgang mit dem Mondkalender

HEYNE
LUDWIG

Inhalt

LVNA

Einführung

Der Mond hat zu allen Zeiten das Denken und die Phantasie der Menschen herausgefordert. Generationen von Dichtern haben den nächtlichen Widerschein der Sonne besungen, und für die Liebenden auf allen Kontinenten war, ist und bleibt er der Inbegriff ihrer romantischen Sehnsüchte. Doch er bewegte und bewegt nicht nur die Gefühle.

Lange bevor sich die Wissenschaft der Astronomie herausbildete, war er Gegenstand sehr praktischer Beschäftigung. So gleichmäßig wie er seine Bahn am nächtlichen Himmel zieht, so regelmäßig wie er dabei scheinbar seine Gestalt ändert, so ideal schien er geeignet, den Ablauf der Zeit zu bestimmen, als Vorbild für einen Kalender zu dienen.
So geschah es denn auch schon vor Tausenden von Jahren, und bis heute hat sich, wie wir wissen, diese Praxis in manchen Kulturen geradezu unverändert erhalten.

Vom Mythos zur Praxis

Bald entdeckte man jedoch, dass der Mond nicht nur als Zeitmesser dienen kann, sondern dass es noch weitere Zusammenhänge zwischen dem lunaren Zyklus und dem Geschehen auf der Erde gibt.
Als die Menschen begannen, Felder zu bestellen und Tiere zu züchten, stellten sie nach und nach viele Wechselwirkungen zwischen Mond und Natur fest: Das Wetter, das Pflanzenwachstum, die Fruchtbarkeit der Menschen und der Tiere, ja auch Gesundheit, Krankheit, Geburt und Tod – in rätselhafter Weise schien wirklich alles mit dem Kommen und Gehen des Mondes verbunden zu sein. Manches war den Menschen ziemlich einleuchtend und wurde mit zunehmender Erfahrung schließlich auch zur Regel, die manchen praktischen Nutzen zu bieten hatte; anderes allerdings blieb unerklärlich und wurde zum Mythos. So ist es nicht verwunderlich, dass La Luna, die Mondin, zur Göttin und von vielen Völkern in vielen Kulturepochen verehrt wurde. Die zahlreichen Namen der Mondgöttin zeugen davon: Isis, Selene, Inanna, Levanah, Athene und Hekate. In ihr huldigte man der Natur, der einzigen Existenzgrundlage der Menschen. In ihr und von ihr lebten sie, sie gab ihnen Nahrung, Kleidung und Wohnung. Der Lebensrhythmus der Menschen wurde vom Mond (nur in unserer Sprache ist die Mondin männlich) bestimmt. Später, als gesellschaftliche Strukturen entstanden und die Menschen aus dem unmittelbaren Naturraum in Dörfer und Städte zogen, nahmen neue Götter – von Menschen geschaffen – den Platz der Mondin ein. Doch das uralte Wissen um den Einfluss des Mondes auf alles Natürliche blieb erhalten und wurde – nun des Mystischen entkleidet – erweitert und den nachfolgenden Generationen überliefert.

Der Mond und die Astrologie

Die Astrologie, die als Vorläuferin und Wegbegleiterin der Astronomie gelten kann, hat das Wissen um die Mondkräfte erheblich bereichert. Nun konnte man erklären, warum manche Wirkungen des Mondes scheinbar nicht im Einklang mit anderen stehen, sich zum Teil sogar widersprechen. Man fand heraus, dass der Mond bei jedem gut 27-tägigen Erdumlauf alle zwölf Sternbilder des Tierkreises durchwandert, wie das die Sonne im Verlauf eines Jahres tut. Jedes dieser Tierkreiszeichen, in dem der Mond auf seiner Umlaufbahn für zwei bis drei Tage verweilt, verleiht den Impulsen des Mondes einen bestimmten Charakter, der diese Impulse in recht genau definierter Weise moduliert. Es sind Impulse, die – viel schwächer als die Sonnenimpulse – in Wechselwirkung mit der Natur treten und sie dadurch beeinflussen.

Einige Wirkungen, wie die auf die Gezeiten und auf den weiblichen Zyklus, sind offensichtlich recht materieller Natur und lassen sich mit relativ einfachen biologischen bzw. physikalischen Gesetzmäßigkeiten erklären. Bei anderen Einflüssen hingegen, wie z. B. auf das Wachstum der Pflanzen oder auf den menschlichen Organismus, gibt man sich mit astrologischen Erklärungen nicht zufrieden, sie sind mit dem klassischen Instrumentarium der Naturwissenschaften nicht zu fassen.

Der Mond im Alltag

Wie auch immer, ob beweisbar oder nicht – die Mondphasen und die Stellung des Mondes in den Zeichen des Tierkreises sind ganz klar von Bedeutung für alles Leben auf dieser Erde.

Auch wenn diese Feststellung nach dem strengen Maßstab der Naturwissenschaft nicht als gesichertes Wissen gelten darf, so beruht sie doch auf immer wieder bestätigter Erfahrung, die in der Jahrtausende währenden Menschheitsgeschichte entstanden und gewachsen ist. Trotz aller Gegenargumente gibt es immer mehr Menschen, die diesen Erfahrungen vertrauen. Viele Heilpraktiker und Homöopathen berücksichtigen bei ihrer Behandlung den Mondeinfluss. Friseure schneiden nach dem Mond die Haare, und auch im Privatbereich wird das Wissen immer häufiger angewandt.

Der Mondkalender

Zur raschen Orientierung bedient man sich der Mondkalender, von denen heute wieder eine Vielzahl im Angebot ist. Sie geben – meist in sehr knapper Form – Auskunft über die Mondphasen und den Stand des Mondes in den Tierkreiszeichen während eines Kalenderjahres. Daraus abgeleitet vermitteln sie mehr oder weniger zahlreiche und ausführliche Tipps, wie man die wechselnden Einflüsse und Kräfte des Mondes zu bestimmten Zeitpunkten nutzen kann.

So weit, so gut. Jedoch – abgesehen von kurzen Hinweisen auf die grundlegenden Wirkungsprinzipien – erfährt der Benutzer eines solchen Kalenders meist nicht sehr viel über die kosmischen Zusammenhänge und die generellen Schlussfolgerungen daraus, die es erlauben, die Mondkräfte einerseits ganz universell und andererseits sehr individuell zu verstehen und zu nutzen. Außerdem gleicht ein Kalender in gewisser Weise immer einer Einbahnstraße. Die Kalenderdaten geben die Informationsrichtung vor: Man kann zwar für ein bestimmtes Datum die günstigen oder weniger günstigen Zeitpunkte für bestimmte Tätigkeiten herauslesen, ist aber kaum in der Lage, spezielle Vorhaben »nach dem Mond« zu planen.

Die nachfolgenden Texte und Tabellen ermöglichen es Ihnen, konstruktiv und gezielt mit diesem Praxisbuch zu arbeiten. Nach einem Kapitel über die großen Zusammenhänge der Wirkung des Mondes auf die Erde folgt eine Übersicht der wichtigsten Aktivitäten (und der dazu günstigen bzw. weniger günstigen Mondkonstellationen): für Gesundheit und Schönheit, in Haus und Garten, bei Feld-, Wald- und Stallarbeit sowie im Berufs- und Privatleben. Daran schließt sich eine Zusammenstellung der Grundkonstellationen an, die schließlich durch Mondtabellen für die Jahre 2005 bis 2020 ergänzt werden.

So benutzen Sie dieses Buch

Im ersten Teil können Sie nachlesen, worauf all die Ratschläge, die Sie in den verschiedenen Mondkalendern bekommen, gründen. Anhand der darauf folgenden Kapitel können Sie sich dann Ihren ganz persönlichen Mondkalender zusammenstellen. Sie haben zwei Möglichkeiten, den optimalen Termin für eine Tätigkeit zu finden.

Sie haben entweder etwas ganz Bestimmtes vor ...

In der Übersicht über die wichtigsten Aktivitäten ab Seite 27 können Sie unter der entsprechenden Rubrik die geplante Tätigkeit finden und die günstigen sowie ungünstigen Termine erfahren. Nun müssen Sie nur noch am Ende des Buches in den Mondtabellen nachschauen, wann die erforderliche Konstellation besteht.

... oder Sie möchten Pläne für einen bestimmten Tag machen

Zuerst schauen Sie in den Mondtabellen nach, in welcher Phase und in welchem Tierkreiszeichen sich der Mond zu diesem Zeitpunkt gerade befindet. Dann lesen Sie in den Mondkonstellationen ab Seite 65 nach, welche Aktivitäten an diesen Tagen entsprechend günstig bzw. ungünstig sind.

Wichtig

Doch eines ist nicht zu vergessen: Folgen Sie nicht sklavisch den Vorgaben des Mondes! Die folgenden Regeln und Ratschläge sind nicht als Dogmen zu betrachten.
Insbesondere dringende Angelegenheiten oder Operationen sollten natürlich keinesfalls aufgeschoben werden, weil der Mond dafür gerade nicht günstig steht.
Auch der Spaß soll nicht vergessen werden. Wenn Sie an einem schönen Frühlingstag Lust zum Putzen und Ausmisten haben, sollten Sie das tun, auch wenn der Mond »dagegen« ist. Mit Freude bei der Sache zu sein verspricht ebenso viel Erfolg wie die richtige Mondkonstellation.

Nehmen Sie unsere Ratschläge als Anregung, Ihren Verstand zu öffnen und für natürliche Prozesse sensibler zu werden. Ziel ist nicht das Befolgen von Regeln, sondern ein selbst bestimmtes Leben im Einklang mit der Natur.

Ihre Helga Föger

Wie der Mond wirkt

Der Mond, nach der Sonne der zweithellste Himmelskörper am irdischen Firmament, entstand nach heutigem Wissen vor etwa 4,7 Milliarden Jahren entweder als selbstständige Verdichtung aus einer Gaswolke oder durch Abspaltung von der noch jungen Erde. Seitdem umkreist er die Erde als ständiger Begleiter mit einer Umlaufzeit, die nach jüngsten Messungen bei exakt 27 Tagen, 7 Stunden, 43 Minuten und 11,5 Sekunden liegt.

Die Bahn des Erdtrabanten, dessen Masse nur 1/81 der Erdmasse ausmacht, ist nahezu kreisförmig und liegt im Mittel etwa 384.000 Kilometer von der Erde entfernt. Während jedes Erdumlaufs dreht sich der Mond einmal um seine eigene Achse, so dass von der Erde aus nur immer eine Seite von ihm zu sehen ist.

Die ständig wechselnde Stellung der Erde zur Sonne bedingt die so genannten Mondphasen. Deshalb sieht man den Mond einmal trotz klaren Himmels geradezu gar nicht, dann wieder als nach links geöffnete Sichel, sehr deutlich als kreisrunde Scheibe oder schließlich als nach rechts geöffnete Sichel.

Die Oberfläche des Mondes, der eigentlich dunkel ist, spiegelt das Licht der Sonne wider, von der sie beschienen wird. Der Mond selbst hat keine Leuchtkraft.

Bei seiner Wanderung um die Erde durchläuft der Mond nacheinander alle zwölf Zeichen des Tierkreises, die unsere Erde umspannen. In jedem von ihnen hält er sich während eines Umlaufs für zwei bis drei Tage auf, bevor er ins nächste wechselt. Jedes Tierkreiszeichen verleiht ihm eine andere Qualität, die mehr oder weniger stark – je nach der Phase, in der sich der Mond beim Durchgang gerade befindet – ausgeprägt ist und zur Wirkung kommt. Darüber und über die Bedeutung der Mondphasen erfahren Sie mehr in diesem Kapitel.

Phasen und Qualitäten des Mondes

Insgesamt sind es sieben Grundimpulse, über die sich die Wirkung des Mondes auf das irdische Leben mitteilt:

- **Die vier verschiedenen Mondphasen**
- **Der aufsteigende und absteigende Mond**
- **Der Stand des Mondes in den verschiedenen Tierkreiszeichen.**

Daran wollen wir uns im Folgenden orientieren und dabei nach Möglichkeit auch die verschiedenen Kombinationseffekte berücksichtigen. Letzteres ist zuweilen recht kompliziert, wenn man etwa bedenkt, dass beispielsweise der zunehmende Mond in den ersten Tagen noch unter dem Einfluss des Neumondes steht, während zum Ende dieser Phase hin der bevorstehende Vollmond schon deutlich seine Wirkung ankündigt. In dieser Zeit von etwa 13 Tagen durchwandert er aber auch mindestens sechs Tierkreiszeichen, die ihm jeweils wieder eine entsprechend andere Qualität verleihen.

Aber Sie müssen nicht befürchten, dass alles zu kompliziert wird; für die wichtigsten Naturvorgänge und Lebenssituationen gibt es vielfach bewährte Konstellationen, die in diesem Buch zusammengestellt sind.

Der Neumond ●

Wenn die der Erde zugewandte Seite des Mondes fast völlig verdunkelt ist, spricht man vom Neumond. Der Erdbegleiter steht dann für zwei bis drei Tage ziemlich genau zwischen Erde und Sonne. Man nennt diese Konstellation auch Konjunktion. Dabei tritt der Fall ein, dass der Mond während dieser Phase in demselben Tierkreiszeichen steht wie die Sonne.
Bei Neumond wirken kräftige Impulse auf Mensch und Natur. Man kann sie als Kräfte der Neuorientierung, des Beginnens bezeichnen. Die konzentrierten Energien sind frisch und ursprünglich, regen dazu an, Vorhaben zu planen, die in der Folge dann wachsen und reifen sollen.

Natur

In der Natur kündigen die Impulse des Neumondes Beginnendes an. Die Erde fängt an auszuatmen, die Säfte regen sich. Wer jetzt kranke Bäume oder Pflanzen zurückschneidet, kann erleben, wie sie sich zusehends erholen und regenerieren.

Körper

Für den menschlichen und tierischen Organismus verstärken die Neumondimpulse die Fähigkeit zur Entgiftung und Entschlackung. Zu keiner anderen Zeit ist die Wirksamkeit einer Fastenpause so hoch. Günstig ist die Neumondphase auch, um damit zu beginnen, ungesunde Gewohnheiten aufzugeben, wie etwa das Rauchen oder übermäßigen Alkoholkonsum.
Auf chirurgische Eingriffe sollte man nach Möglichkeit während der kurzen Phase des Neumondes verzichten.

Der zunehmende Mond ◐

Sobald nach dem Neumond die schmale, nach links geöffnete Mondsichel zu erkennen ist, beginnt die Phase des zunehmenden Mondes. Von den Astronomen wird sie in zwei Abschnitte eingeteilt – in das erste und zweite Viertel. Während des ersten Viertels nähert sich der Mond der Erde, bis er ihr nach wenig mehr als sieben Tagen als Halbmond am nächsten ist. Dann kreuzt er die Umlaufbahn der Erde um die Sonne und entfernt sich wieder von uns, um, weiter an Leuchtkraft zunehmend, nach etwa 14 Tagen das zweite Viertel zu vollenden und das Vollmondstadium zu erreichen.
In der Phase des zunehmenden Mondes steht alles im Zeichen der Aufnahme und des Wachsens. Die positiven Einflüsse überwiegen jetzt, die Energien werden aufgenommen und gespeichert. In dieser Zeit häufen sich auch die Geburtenzahlen; sie erreichen bei Vollmond ihren absoluten Höhepunkt.

Natur

In der Natur dominiert das oberirdische Wachstum, die Säfte steigen nach oben. Jetzt ist die günstigste Zeit für die Aussaat und das Pflanzen von allem, was nach oben wächst und Früchte trägt, also für Blattgemüse, Obst und Blumen. In dieser Mondphase gesäter Rasen wächst besonders schnell und kräftig; nach dem Mähen wächst er rasch nach.

Körper

Der Körper kann in der Zeit des zunehmenden Mondes alles, was ihm an Kräftigendem, Aufbauendem, Heilendem zugeführt wird, besonders gut aufnehmen, speichern und verwerten. Seine Selbstheilungskraft ist ebenfalls sehr

groß. Diese Phase ist also gut geeignet, um sich zu kräftigen und zu erholen.
Gespeichert werden allerdings auch die Nährstoffe, deshalb sollte jeder, der auf sein Gewicht achten muss, in dieser Zeit etwas zurückhaltender mit dem Essen sein.
Bedenken sollte man auch, dass mit fortschreitender Zunahme des Mondes sich der Heilungsprozess von Verletzungen verzögert; deshalb ist es angebracht, auf chirurgische Eingriffe zu verzichten, wenn das möglich ist – vor allem in der Nähe des Vollmonds.

Der Vollmond ○

Wenn der Mond die Hälfte seines Erdumlaufs zurückgelegt hat, steht er der Sonne direkt gegenüber, in Opposition zu ihr. Seine sichtbare Oberfläche ist voll beleuchtet, er steht für ein bis zwei Tage als kreisrunde, leuchtende Scheibe am nächtlichen Himmel.
Zu keiner anderen Zeit sind die Impulse des Mondes so deutlich zu spüren wie in der Vollmondphase. Es ist die Zeit starker Gefühle, positiver wie negativer. In den wenigen Stunden des Vollmonds werden nicht nur besonders hohe Geburtenzahlen, sondern auch überdurchschnittlich viele Unfälle und Gewaltverbrechen registriert.

Natur

In der Natur bewirken die kräftigen Impulse des Vollmonds, die den Richtungswechsel von Aufnahme zu Abgabe ankündigen, eine ganz besondere Stimmung.
Einerseits erreicht die Natur jetzt den absoluten Höhepunkt ihrer Aufnahmefähigkeit, weshalb der Zeitpunkt für eine Pflanzendüngung geradezu ideal ist. Andererseits kann es z. B. leicht geschehen, dass Gehölze absterben, wenn nur wenige Zweige abgebrochen oder vielleicht weggeschnitten werden.
Für das Sammeln vieler Heilkräuter ist jetzt die günstigste Zeit, ihre Heilkraft ist nämlich besonders groß. Vor allem heilende Wurzeln soll man in den Vollmondnächten ausgraben, da Tageslicht ihre Wirkung erheblich mindert.

Körper

Der Organismus reagiert auf die starken Energien des Vollmonds häufig mit Unruhe und Nervosität. Sensible Menschen haben Schlafstörungen, so genannte Mondsüchtige erheben sich aus dem Bett und schlafwandeln, andere berichten von besonders eindrucksvollen Träumen und Visionen während dieser Phase.
Es bietet sich vielen also eine gute Gelegenheit, seelische Konflikte zu erkennen und den Weg zum Ich, zum Unterbewussten zu finden.
Das »Abenteuer« zieht verstärkt an. Man ist jetzt auch zu außergewöhnlichen Aktivitäten bereit, an die man dann später oft mit Erstaunen oder Schaudern denkt.
Weil Wunden stärker und länger bluten als zu anderen Zeiten, Verletzungen langsamer und schlechter heilen, ist es ratsam, bei Vollmond auf chirurgische Eingriffe zu verzichten, falls dies irgendwie möglich ist. Außerdem muss bedacht werden, dass die Anfälligkeit für Gicht, Migräne und Rheuma steigt.

Der abnehmende Mond ◐

Der Mond setzt seinen Erdumlauf fort und vollendet ihn. Er nähert sich jetzt wieder der Erde, wobei die Größe der von der Sonne beleuchteten Oberfläche von rechts nach links

fortschreitend geringer wird. Wenn er etwa 22 Tage nach Neumond die Sonnenumlaufbahn der Erde erneut kreuzt, ist er nur mehr halb zu sehen. Nun beginnt das letzte Viertel, die nach rechts geöffnete Sichel wird von Tag zu Tag schmaler, bis die Neumondphase erreicht ist. Dann beginnt alles wieder von neuem.
Die Impulse des abnehmenden Mondes sind auf Abgabe gerichtet – auf das Freisetzen von Kräften und Energien. Dieser balsamische oder auch aussäende Mond, wie ihn die Astrologen interessanterweise nennen, befreit von Zweifeln sowie Ängsten und bündelt die positiven Gefühle für den nun bald beginnenden neuen Zyklus.

Natur

In der Natur fließen die Säfte abwärts, die Energien gehen zu den Wurzeln. Die Erde ist aufnahmebereit, das Wachstum unter der Oberfläche ist begünstigt. Jetzt ist es Zeit, das zu pflanzen oder zu säen, was vorwiegend in die Erde hineinwächst, z. B. Wurzelgemüse und -kräuter. Nährstoffe und Feuchtigkeit werden vom Boden während dieser Phase besonders gut aufgenommen, deshalb sind Düngung und Bewässerung der Pflanzen jetzt besonders wirkungsvoll und noch dazu viel weniger umweltbelastend.

Körper

Der Organismus ist während dieser Zeit in seiner durchweg besten Form. Körperliche wie auch geistige Höchstleistungen gelingen viel müheloser als während der anderen Mondphasen. Ausspülen und Ausschwitzen ist die Devise bei abnehmendem Mond, deshalb wird auch alles, was mit Entgiftung und Entschlackung zu tun hat, gute Erfolge nach sich ziehen. Operationen gelingen zu dieser Zeit besser, Wunden heilen schneller.

Der auf- und absteigende Mond

Es gibt noch zwei weitere Mondqualitäten, die ganz besonders für die Pflanzenwelt von Bedeutung sind, aber ebenso Beachtung finden können, um einen nicht ganz idealen Zeitpunkt für eine Gesundheitsmaßnahme zu optimieren oder bei Haushaltsaktivitäten bessere Ergebnisse zu erreichen.
Diese Mondqualitäten, die allerdings nichts mit den bereits beschriebenen Mondphasen zu tun haben, ergeben sich aus dem siderischen (auf die Sterne bezogenen) Umlauf des Mondes, wobei der Erdtrabant die zwölf bekannten Tierkreiszeichen durchläuft.

Der aufsteigende Mond

Aufsteigend durchquert der Mond dabei alle Tierkreiszeichen zwischen der Winter- und der Sommersonnenwende, also von Schütze

Dauer des Mondstands Info

In den Tabellen ab Seite 126 ist die jeweilige Aufenthaltsdauer des Mondes in einem Tierkreiszeichen angegeben. Als Beurteilungskriterium dafür, von welchem Sternzeichen der einzelne Tag dominiert wird (ob z. B. noch ein Krebs- oder schon ein Löwetag gegeben ist), gilt für die Redaktion nicht das Zeichen, in dem der Mond steht, wenn der Tag beginnt. Entscheidend ist vielmehr die Größe des Zeitraums, den der Mond am jeweiligen Tag in einem Sternzeichen verbringt.

über Steinbock, Wassermann, Fische, Widder bis Stier bzw. Zwillinge, wo er dann seinen Wendepunkt erreicht.
Der Zeitraum des aufsteigenden Mondes kann als Phase des Ausatmens der Erde betrachtet werden. Wachstum, Reifung und Ernte (Erntemond) sind bestimmend. Die Entwicklung über der Erdoberfläche ist der bei zunehmendem Mond ähnlich.

Der absteigende Mond

Absteigend durchwandert der Mond alle Tierkreiszeichen der Monate Juni bis Dezember, also Zwillinge, Krebs, Löwe, Jungfrau, Waage sowie schließlich Skorpion bzw. Schütze (Wendepunkt).
Der Zeitraum des absteigenden Mondes kann als Phase des Einatmens der Erde gesehen werden. Vor allem Pflanzarbeiten (Pflanzmond) sind nun begünstigt. Die Entwicklung unter der Erdoberfläche ist der bei abnehmendem Mond ähnlich.

Der Mond in den Tierkreiszeichen

Bei seinem etwa 27-tägigen Umlauf um die Erde wandert der Mond durch die zwölf Sternbilder des astrologischen Tierkreises. In jedem von ihnen hält er sich für etwa zwei bis drei Tage auf.
Durch die Kombination der Mondimpulse, deren Wirkung durch die verschiedenen Mondphasen bestimmt wird, mit den astrologischen Einflüssen, die von den Sternbildern ausgehen, entstehen ganz besondere Kräfte, die sowohl im körperlichen Bereich bei Mensch und Tier als auch für Gartenbau, Landwirtschaft und Holzbearbeitung von bedeutsamer Wirkung sind.

Impulse der Tierkreiszeichen im Mondrhythmus

Die Impulse des Mondes auf alles irdische Leben wirken einerseits über direkte Energieeinflüsse, die durch die verschiedenen Mondphasen ausgeübt werden, und andererseits durch eher indirekte astrologische Einflüsse, die von den Tierkreiszeichen ausgehen, die der Mond auf seinem Erdumlauf gerade durchwandert.

Die vier Trigonen

Die zwölf Tierkreiszeichen werden in vier Gruppen eingeteilt; jede Gruppe ist einem Urelement zugeordnet, über welches die Sternzeichen astrologisch wirken.

- Widder, Löwe, Schütze: **Feuer.**
- Stier, Jungfrau, Steinbock: **Erde.**
- Zwillinge, Waage, Wassermann: **Luft.**
- Krebs, Skorpion, Fische: **Wasser.**

Tierkreiszeichen und Temperament

Durch die beschriebene Zuordnung der Tierkreiszeichen zu den Urelementen entstehen vier Trigonen (Elementegruppen), die bestimmte Grundmuster in verschiedenen Bereichen des Lebens und der Natur angeben.

Feuertrigone

Auf die Feuertrigone bezieht man die Eigenschaften »warm« und »trocken«.
Sie entsprechen einem leicht aufbrausenden Temperament. Die entsprechenden körperlichen Reaktionen sind spontan, schnell und markant, die Erkenntnisfähigkeit ist sehr hoch.

Charakterlich auffallend sind Energiegeladenheit, Mut und Pioniergeist. Die aktive Handlungsfähigkeit ist sehr ausgeprägt. Aber auch Ungeduld, Übereifer und mangelnde Vorsichtigkeit kommen zum Tragen.

Erdtrigone

Die Erdtrigone steht für »trocken« und »kalt«. Dem entspricht ein eher melancholisches, beständiges Temperament. Damit verbunden sind langsame, aber starke und nachhaltige körperliche Reaktionen. Dazu kommen solche Charaktereigenschaften wie Umsichtigkeit, Treue und Beharrlichkeit. Negativ können übertriebene Ängstlichkeit und eine gewisse Starrköpfigkeit wirken.

Lufttrigone

Der Lufttrigone ordnet man die Attribute »warm« und »feucht« zu.
Diese Eigenschaften weisen auf ein sanguinisches, also ein lebhaftes, leichtes Temperament hin. Typisch dafür sind rasche, lebhafte Körperreaktionen und eine gute Auffassungsgabe. Als charakterliche Merkmale gelten hier Lebhaftigkeit, Empfänglichkeit sowie rasche Begeisterungsfähigkeit. Dazu können aber auch nervöse Unruhe, Reizbarkeit und eine gewisse Unbeständigkeit gehören.

Wassertrigone

Mit der Wassertrigone werden die Eigenschaften »feucht« und »kühl« verbunden.
Sie entsprechen dem phlegmatischen Temperament. Dies äußert sich in relativ langsamen und verhältnismäßig schwachen körperlichen Reaktionen. Als besondere Charaktereigenschaften gelten starkes Einfühlungsvermögen, eine lebhafte Phantasie, Toleranz sowie der Hang zur Schwärmerei und Träumerei. Auf der anderen Seite findet man aber auch übergroße Empfindlichkeit und Lebensangst.

Praktische Schlussfolgerungen

Da jeder Mensch alle diese Temperamente und Eigenschaften mehr oder weniger in sich trägt, werden gerade die Aspekte betont und aktiviert, die dem Urelement entsprechen, dessen zugeordnete Sternzeichen der Mond gerade durchläuft. Dementsprechend können wir unser Verhalten beeinflussen und uns auf andere besser einstellen. Jemand, bei dem das melancholische Temperament überwiegt, wird an Erdtagen noch zurückhaltender sein, dagegen an Feuertagen leichter aus sich herausgehen können. Andererseits dürfte es ein gewisses Risiko mit sich bringen, einen Choleriker an Feuertagen noch zusätzlich zu reizen.

Tierkreiszeichen und Alltag

Neben den über die Naturelemente wirkenden Impulsen gehen von jedem Tierkreiszeichen noch andere Einflüsse aus, die letztlich unseren Alltag mitbestimmen können.
Dieser Einfluss ist aber häufig nicht direkt sichtbar, und es mag schwierig sein, ihn nachzuprüfen. Doch im Unterbewusstsein lässt man sich dennoch davon führen.

Mond im Widder

Die Menschen haben nun ein erhöhtes Kontaktbedürfnis, viel Energie. Der Enthusiasmus ist jedoch eher kurzlebig.

Mond im Stier

Jetzt getroffene Entscheidungen sind nur schwer wieder rückgängig zu machen – also überlegen Sie gut. Solch ein Tag ist günstig für finanzielle Aktivitäten.

Mond in den Zwillingen

Ein unverbindlicher Austausch von Gedanken und Ideen findet statt. Bahnbrechendes Handeln ist an diesen Tagen nicht angesagt, aber es besteht viel Sinn für die Familie.

Mond im Krebs

Empfindsamkeit, eventuell sogar auch Überempfindlichkeit zeichnen Krebstage besonders aus. Menschen, die sich in aller Regel sehr leicht beeinflussen lassen, sollten vor allem jetzt auf der Hut sein.

Mond im Löwen

Unterhaltung, Spaß, Lebensfreude, Selbstdarstellung heißen die Mottos. Andererseits weckt Löwe auch Beschützerinstinkte: Passen Sie auf, dass diese sich nicht zu übertriebenen Besitzansprüchen entwickeln.

Mond in der Jungfrau

Einerseits besteht großes Kontaktbedürfnis, andererseits aber auch die Tendenz zur Enthaltsamkeit. Solch ein Tag ist gut für die Erledigung von Kleinkram und Routineangelegenheiten ohne kreativen Anspruch.

Mond in der Waage

Romanzen, Freundschaft, Partnerschaft werden an Waagetagen ganz besonders groß geschrieben. Doch Vorsicht vor emotionalen Konflikten, denn es besteht die Gefahr der Eifersucht.

Mond im Skorpion

Man neigt zu Kritik und Misstrauen. Empfindlichkeit und Verletzbarkeit sind erhöht. Übersinnliches ist begünstigt.

Mond im Schützen

Unruhe, Sehnsucht nach dem Fremden und Unbekannten sowie eine übergroße Reiselust sind die stärksten Impulse.

Mond im Steinbock

Tradition, Autorität, Regeln, Disziplin, Beruf und Geschäft sind wichtig. Man tendiert aber auch zu Pessimismus und Frustration.

Mond im Wassermann

Soziales Engagement, Rationalität, neue Ideen und Zukunftsplanung haben nun Vorrang. Zu viel Idealismus wird enttäuscht. Frauen sind jetzt besonders stark.

Praktische Schlussfolgerungen

Bei allen Terminplanungen diese Einflüsse zu berücksichtigen dürfte schwierig sein – abgesehen davon, dass es auch vom Grundcharakter jedes Menschen abhängt, welche dieser Tendenzen er wirklich spürt. Doch vielleicht können Sie mit diesem Wissen Ihre Stimmungen sowie Bedürfnisse besser verstehen und überzeugender vermitteln. Wenn Sie z. B. nicht ausgehen wollen, lassen Sie sich dann von niemandem zu etwas anderem überreden und bleiben konsequent zu Hause. Denn Sie wissen ja, es kommen auch wieder Tage, an denen Sie unternehmungslustig und kontaktfreudig sind.

Mond in den Fischen

Die Menschen ziehen sich zurück, suchen den Kontakt zum Partner oder zur Familie. Solch ein Tag ist auch gut für die Beschäftigung mit Spirituellem.

Tierkreiszeichen und Pflanzen

Durch seinen jeweiligen Stand in den Tierkreiszeichen beeinflusst der Mond erfahrungsgemäß vor allem auch den Wuchs der unterschiedlichen Pflanzenteile.

Feuertrigone

Der Mond in einem Feuerzeichen beeinflusst die Fruchtpflanzen – die Gewächse, deren Produktivität vor allem auf den Aufbau des Fruchtkörpers gerichtet ist.
Dazu zählen u. a.:

- Erdbeeren, Baum- und Strauchobst
- Getreide
- Bohnen, Erbsen
- Gurken, Kürbis
- Auberginen, Zucchini
- Mais, Paprika, Tomaten
- Raps, Sonnenblumen.

Erdtrigone

Der Mond in einem Erdzeichen wirkt auf die Wurzelpflanzen, also alle die Gewächse, die mit ihrem Hauptteil in den Boden hineinwachsen.
Dazu gehören u. a.:

- Knoblauch, Lauch
- Wurzelpetersilie, Zwiebeln
- Kartoffeln, Karotten, Pastinaken
- Radieschen, Rettich, Sellerie
- Rote Bete, Schwarzwurzel
- Zuckerrüben.

Lufttrigone

Der Mond in einem Luftzeichen wirkt besonders auf alle Blütenpflanzen.
Dazu rechnet man u. a.:

- Brokkoli
- Sommerblumen
- Blütenstauden.

Wassertrigone

Der Mond in den Wasserzeichen beeinflusst die Blattpflanzen, also alle Pflanzen, die wegen ihrer Blattbildung angebaut werden.
Dazu zählt man u. a.:

- Chicorée, Endivien-, Feldsalat
- Kopf-, Eis-, Schnitt-, Pflücksalat
- Fenchel, Mangold
- Spargel
- Spinat, Wirsing, Kohlrabi
- Blumen-, Rosen-, Rot-, Weißkohl
- Blattpetersilie, alle anderen Blattkräuter.

Praktische Schlussfolgerungen

**Besonders für erfolgreiches Gärtnern und viele Arbeiten in der Landwirtschaft ist die Kenntnis dieser Einflüsse sehr bedeutend.
Daraus lassen sich nämlich vor allem optimale Termine für Aussaat, Pflege und Ernte der verschiedenen Pflanzen und Feldfrüchte ableiten.**

Tierkreiszeichen und Witterungsqualitäten

Die Wirkung, die von den Tierkreiszeichen ausgeht, in denen sich der Mond während

seines Umlaufs gerade befindet, erstreckt sich nicht nur auf das Wachstum bestimmter Pflanzen, sondern bestimmt in gewissem Ausmaß immer auch die Witterungsqualität des betreffenden Tages.
Man braucht allerdings eine gute Beobachtungsgabe und ein feines Gespür, um diese Einflüsse zu bemerken, da sie allzu leicht von den langfristigen Klima- und Wetterentwicklungen überdeckt werden.
Dennoch sind sie für Tiere und Pflanzen von nicht zu unterschätzender Bedeutung und können auch uns helfen, scheinbar rätselhafte Naturereignisse und ihre Wirkungen besser zu verstehen.

Wärmetage

Eine angenehme, als verhältnismäßig warm oder mild empfundene Grundstimmung herrscht vor, wenn sich der Mond in einem der drei Feuerzeichen befindet.
Solche Tage laden zu Ausflügen in die Natur ein, auch dann, wenn der längerfristige Wettercharakter eher unfreundlich ist. Im Sommer sollte man an heißen Löwetagen auf der Hut sein, denn nicht selten wird man von schweren Gewittern überrascht, die auch von Hagel begleitet sein können.

Kältetage

An den Tagen, an denen der Mond in einem Erdzeichen steht, herrscht erfahrungsgemäß immer ein ziemlich kühles »Mikroklima« vor, auch wenn die Lufttemperaturen insgesamt eher hoch sein sollten.
Ziehen Wolken auf, dann macht sich die Abkühlung deutlicher bemerkbar als an anderen Tagen. Man fröstelt leichter. Die Erde wirkt unverhältnismäßig kühl, und man tut gut daran, eine Decke oder einen Pulli mitzunehmen, wenn man sich an den Strand oder auf eine Wiese legen will.

Lichttage

Bestimmt ein Luftzeichen die Tagesqualität, wirkt die Lichteinstrahlung intensiver auf Pflanzen, Tiere und Menschen.
Es ist dann heller als an anderen Tagen, und dieser Eindruck besteht auch, wenn sich die Sonne hinter Wolken versteckt. Manche Menschen empfinden das Tageslicht an diesen Tagen als besonders grell und tragen auch bei bedecktem Himmel eine Sonnenbrille. Aber in aller Regel wirkt diese Helligkeit eher aufmunternd und anregend.

Wassertage

Steht der Mond in einem der Wasserzeichen, dann muss man in aller Regel viel häufiger mit Regen oder Schnee rechnen als an anderen Tagen.
Aber auch wenn die Sonne scheint, sind der Boden und das Gras meistens unangenehm feucht und kühl. Besonders deutlich wird dieser Witterungseindruck dann bei zunehmendem Mond, wenn die Aufnahmefähigkeit des Bodens relativ gering ist.

Praktische Schlussfolgerungen

Man muss seine Sensibilität und den Blick für das Detail schon schärfen, um diese Witterungsqualitäten zu erkennen. Wer dies aber irgendwann schafft, wird ein neues Verhältnis zur Natur entwickeln und vieles entdecken, was ihm zuvor verborgen war.

Tierkreiszeichen und Nahrung

Im Textteil, der die 48 Grundkonstellationen vorstellt, werden auch die Einflüsse der Tierkreiszeichen auf die Nahrungsqualität behandelt: eine Qualität, die für die Gesundheit von besonders großer Wichtigkeit sein kann, auch wenn sie leider von der modernen Ernährungswissenschaft immer noch nicht anerkannt ist.

Worum geht es dabei?

Beobachtung und Erfahrungen haben gezeigt, dass der Organismus zu bestimmten Zeiten auf bestimmte Nährstoffe in besonderer Weise reagiert. Häufig werden diese dann besonders gut aufgenommen und verwertet. Manchmal ist leider aber auch das Gegenteil der Fall – die Nährstoffe bekommen nicht, und man sollte sie deshalb zu diesem Zeitpunkt nach Möglichkeit vermeiden.
Man ist gut beraten, wenn man darauf achtet und seine eigenen Erfahrungen bei der Speisenauswahl berücksichtigt. So kann man nicht nur Ernährungsfehler vermeiden, sondern auch verhindern, dass bestimmte Nährstoffe, zu einem bestimmten Zeitpunkt gegessen, wegen allzu guter Verwertung dick oder sogar krank machen.

Eiweiß

Die Feuerzeichen bestimmen die Eiweißqualität. An den Tagen, da der Mond in diesen Tierkreiszeichen steht, wirken eiweißhaltige Nahrungsmittel in der Regel besonders günstig auf unseren Organismus. Sie fördern den Zellaufbau und stärken physische Kraft und geistige Energien.
Achtung: Bedenken Sie aber, dass jede Einseitigkeit in der Ernährung die positive Wirkung bestimmter Nahrungsmittel abschwächen und unter Umständen sogar aufheben kann. Gerade ein Überangebot an Eiweißen kann zu Verdauungsstörungen führen, die den Organismus eher schwächen.

Salz

Die Erdzeichen beeinflussen die Salzqualität. Beobachten Sie einmal, ob Sie an diesen Tagen Appetit auf Salziges haben oder nicht. Wenn ja, geben Sie Ihrem Verlangen ruhig einmal nach, denn Salz braucht der Körper für die Bluternährung. An diesen Tagen ist die Wirkung besonders günstig.
Achtung: Wenn Sie aus Gesundheitsgründen, z. B. wegen Bluthochdrucks, salzarm essen

Praktische Schlussfolgerungen

Es ist gewiss nicht falsch, wenn man die hier genannten Nahrungsqualitäten bei der Speisenauswahl beachtet, denn sie weisen zum entsprechenden Zeitpunkt auf eine recht gute Verträglichkeit für den Organismus hin.
Falsch wäre es allerdings, daraus ein perfektes Rezept, sozusagen eine Speisekarte nach dem Mond, ableiten zu wollen. Richtiger ist vielmehr, seine Ernährungsgewohnheiten einmal unter diesem Aspekt zu überprüfen, Beobachtungen sowie Erfahrungen zu sammeln und mit den Signalen des eigenen Körpers zu vergleichen. Dann finden Sie vielleicht einen Rhythmus, der Appetit, Geschmack und Bekömmlichkeit auf angenehme Weise miteinander verbindet. Und damit fängt gesunde Ernährung an.

müssen, seien Sie an diesen Tagen sehr vorsichtig, denn auch kleinere Mengen haben jetzt eine große, in diesem Fall negative Wirkung.

Fett

Die Luftzeichen unterstützen die Nahrungsfette bei ihrer Wirkung auf den Organismus. Oft bekommt Fettes und Öliges an diesen Tagen recht gut und beeinflusst die inneren Drüsen positiv. Dann geben Sie doch einfach einmal Ihrem Appetit auf eine saftige Schweinshaxe nach!

Achtung: Gerade beim Fett scheiden sich die Geister am strengsten. Vermeiden Sie Fettes gerade an den Lufttagen, wenn es Ihnen grundsätzlich nicht bekommt. Sie gehen damit einer besonders ungünstigen Wirkung auf die Gesundheit aus dem Weg.

Kohlenhydrate

Die Wasserzeichen bedingen eine besondere Kohlenhydratqualität. Viele bevorzugen an diesen Tagen Brot, Kuchen, Mehlspeisen und Süßigkeiten. Das muss nicht falsch sein, denn Kohlenhydrate gelten als »Nervennahrung« und werden benötigt.

Achtung: Wenn Sie Stoffwechselprobleme haben und überdies etwas für die schlanke Linie tun wollen, halten Sie sich an diesen Tagen zurück, denn kohlenhydratreiche Nahrungsmittel setzen dann besonders gut an.

Tierkreiszeichen und Körperregionen

Jedem Tierkreiszeichen werden bestimmte Bereiche des menschlichen Organismus zugeordnet. Der Mond durchwandert so in jedem Monat den ganzen Körper, wobei er im Laufe des Jahres wiederum verschiedene Kräfte entfaltet, je nachdem, in welcher Phase er sich befindet. Und so sieht die Zuordnung der Körperregionen zu den verschiedenen Tierkreiszeichen aus:

Widder

Dem Widder werden der Kopf (Gehirn) und das Gesicht (Augen, Nase) zugeordnet.

Stier

Der Stier wirkt auf den Kiefer (Zähne), den Hals (Mandeln, Schilddrüse), den Nacken und die Ohren.

Zwillinge

Die Zwillinge beeinflussen sowohl die Bronchien und die Schulterpartie als auch die Arme und die Hände.

Krebs

Das Zeichen Krebs übt seine Wirkung auf die Brust, den Magen, die Lunge sowie auf Leber und Galle aus.

Löwe

Der Löwe nimmt Einfluss auf das Herz, den Kreislauf, den Blutdruck und den gesamten Rückenbereich.

Jungfrau

Der Jungfrau ordnet man den Stoffwechsel, die Verdauung und die Nerven zu.

Waage

Die Wirkung des Zeichens Waage zielt gleichermaßen auf die Hüftregion wie auf die Nieren und die Blase.

Skorpion ♏

Dem Skorpion werden die inneren und äußeren Sexualorgane sowie die ableitenden Harnwege zugeordnet.

Schütze ♐

Der Schütze beeinflusst die Oberschenkel und die Venen.

Steinbock ♑

Der Steinbock bestimmt neben den Knien auch noch die Haut sowie den Knochenbau (das Skelett).

Wassermann ♒

Das Zeichen Wassermann nimmt ebenso Einfluss auf die Unterschenkel wie die Venen und die Knöchel.

Fische ♓

Dem Zeichen Fische werden schließlich die Füße und Zehen zugeordnet.

Bevor im folgenden Abschnitt diese Einflüsse näher beschrieben und entsprechende Tipps gegeben werden, muss noch eines klargestellt werden:

Es wäre grundfalsch und entspräche ganz und gar nicht dem Anliegen dieses Buchs, nähme man nun an, Gesundheit und Wohlbefinden des Einzelnen hingen allein oder in bedeutendem Ausmaß von außerirdischen Kräften ab. Ganz im Gegenteil, jeder von uns ist für seine Gesundheit – die körperliche wie auch die seelische – vor allem selbst verantwortlich. Was er tut oder unterlässt, ist entscheidend.

Die Kräfte des Mondes können lediglich dabei helfen, das Richtige zu tun und das Schlechte zu unterlassen. Und sie können das Richtige, das zum rechten Zeitpunkt geschieht, unterstützen, noch wirksamer werden lassen. Der Mond heilt nicht, aber er kann beim Heilen helfen.

In der folgenden Tabelle sind noch einmal alle Tierkreiszeichen und ihre Zuordnungen zusammengestellt.

Praktische Schlussfolgerungen

Wenn von lunarischen Einflüssen auf die Bereiche Gesundheit und Wohlbefinden die Rede ist, müssen zunächst einmal wenigstens zwei Wirkungsfelder unterschieden werden:

- **Die Wirkung der verschiedenen Mondphasen, die eher allgemein ist**
- **Die Impulse, die vom Stand des Mondes in den zwölf Tierkreiszeichen bestimmt werden und die sehr spezifisch auf einzelne Körperregionen bzw. Organsysteme wirken.**

Aus der tatsächlichen Überlagerung beider Wirkungsfelder ergeben sich selbstverständlich Kombinationseffekte, die die jeweiligen Einzelwirkungen verstärken oder abschwächen können.

Während der Mond das entsprechende Tierkreiszeichen durchläuft, sind die zugeordneten Körperregionen einerseits besonders anfällig für verschiedenste starke Belastungen, andererseits besonders empfänglich für Entlastung, Pflege und Behandlung. Chirurgische Eingriffe sollten aber, falls möglich, vermieden werden, da sie zuerst einmal eine besondere Belastung der betreffenden Körperregion darstellen.

Tierkreiszeichen und Zuordnungen

Info

Tierkreis-zeichen	Auf-/Ab-steigend	Ele-ment	Pflan-zenteil	Nahrung	Tages-qualität	Körperregion	Männl./ Weibl.
Widder	Auf	Feuer	Frucht	Eiweiß	Wärme	Kopf, Gesicht	M
Stier	Auf	Erde	Wurzel	Salz	Kälte	Kiefer, Hals, Nacken	W
Zwillinge	Auf/Ab	Luft	Blüte	Fett	Licht	Schultern, Arme, Hände	M
Krebs	Ab	Wasser	Blatt	Kohlen-hydrate	Feuch-tigkeit	Magen, Lunge, Galle, Leber	W
Löwe	Ab	Feuer	Frucht	Eiweiß	Wärme	Herz, Kreis-lauf, Blut-druck	M
Jungfrau	Ab	Erde	Wurzel	Salz	Kälte	Stoffwechsel, Verdauung	W
Waage	Ab	Luft	Blüte	Fett	Licht	Hüfte, Nieren, Blase	M
Skorpion	Ab	Wasser	Blatt	Kohlen-hydrate	Feuch-tigkeit	Sexualorgane, Harnleiter	W
Schütze	Ab/Auf	Feuer	Frucht	Eiweiß	Wärme	Oberschenkel, Venen	M
Steinbock	Auf	Erde	Wurzel	Salz	Kälte	Knie, Haut, Knochen	W
Wasser-mann	Auf	Luft	Blüte	Fett	Licht	Unterschen-kel, Venen	M
Fische	Auf	Wasser	Blatt	Kohlen-hydrate	Feuch-tigkeit	Füße, Zehen	W

Ratschläge für die Praxis

Von »Abnehmen« über »Schuhe putzen«, »Unkraut jäten« bis zu »Meditieren« – für nahezu alle Angelegenheiten können Sie den Mondkalender nach günstigen oder ungünstigen Terminen befragen, wie Sie in diesem Kapitel sehen werden. Daneben gibt es auch ein paar Anregungen, wie Sie die Regeln in die Praxis umsetzen können. Diese Ratschläge basieren ebenfalls auf jahrhundertelangen Erfahrungen.

Der richtige Zeitpunkt

Aus der Kenntnis der Mondrhythmen, verbunden mit jahrhundertealten Erfahrungen, lassen sich viele Ratschläge für den praktischen Umgang mit der Natur, für die Verrichtung vieler Tätigkeiten in Haus und Hof, aber auch für die Bewältigung verschiedener Lebenssituationen gewinnen.

Das betrifft die Gesundheit ebenso wie die Ernährung, aber auch Körper- und Schönheitspflege und den Haushalt im Allgemeinen. Das betrifft aber natürlich auch das Wetter, die Aussaat, Pflege und Ernte der Pflanzen, den Einschlag und die Bearbeitung von Holz sowie den gesamten Umgang mit Heilkräutern.

Alle diese Ratschläge haben sich in der Praxis bewährt. Dennoch sollten sie nicht als Resultat eines starren Konzeptes verstanden und bedenkenlos befolgt werden. Stets gilt es, die individuellen Bedingungen und Erfahrungen mit einzubeziehen und sich auf sein Gefühl zu verlassen. Wenn z. B. widrige Witterungsbedingungen eine geplante Arbeit unmöglich machen oder Zeitmangel einen Termin gefährdet, besteht kein Grund zur Besorgnis. Es gibt für jede Aktivität eine ganze Reihe von Ausweichterminen, die kaum weniger günstig sind als der optimale Zeitpunkt, der vom Mond bestimmt wird.

Die Bewertungskriterien

In den folgenden Übersichten finden Sie – nach Rubriken geordnet – eine Reihe von Aktivitäten aus der Praxis des täglichen Lebens, für die günstige und weniger günstige Mondtermine gelten. Wie Sie sehen werden, können nicht für jede Aktivität alle diese Bewertungskriterien genannt werden. Manche Tätigkeit wird deshalb nur einmal oder höchstens zweimal bewertet. Bei den Bewertungen des Risikos, dass gesundheitliche Beschwerden auftreten, wurden die Kriterien »Besonders hoch« und »Erhöht« verwendet.

Bewertungsskala — Info

Sehr günstig Der beste Zeitpunkt für diese Tätigkeit, Maßnahme oder Anwendung ist gegeben.

Günstig Der Zeitpunkt ist gut für diese Tätigkeit, Maßnahme oder Anwendung.

Weniger günstig Wenn Sie die Möglichkeit haben, sollten Sie einen anderen Zeitpunkt für diese Tätigkeit, Maßnahme oder Anwendung wählen.

Ungünstig Zu diesem Zeitpunkt sollten Sie die entsprechende Tätigkeit, Maßnahme oder Anwendung besser unterlassen.

Der Gebrauch der Mondtabellen

Aus den am Ende des Buches folgenden Mondtabellen können Sie für jeden Tag der Jahre 2005 bis 2020 entnehmen, in welcher Phase und in welchem Tierkreiszeichen sich der Mond befindet.
Wenn Sie also beispielsweise eine bestimmte Tätigkeit im Haushalt, im Garten, auf dem Feld oder im Wald vorhaben, können Sie auf folgende Art und Weise verfahren: Sie suchen den günstigsten Mondeinfluss für diese Aktivität im vorderen Textteil und bestimmen anschließend anhand der Mondtabelle den optimalen Termin.
Wenn Sie andererseits wissen wollen, welche Aktivitäten bei bestimmten Mondkonstellationen mehr oder weniger begünstigt sind, schlagen Sie einfach im hinteren Textteil nach, wo die 48 Grundkonstellationen ausführlich beschrieben werden, und planen dann anhand der Mondtabelle.
Auf diese Weise kann man sich einen Mondkalender anlegen, der den ganz persönlichen Bedürfnissen entspricht.

Das Mondtagebuch

Führen Sie für einige Zeit – vielleicht ein Jahr lang – ein Mondtagebuch. Neben dem Datum vermerken Sie darin die Mondphase und das Tierkreiszeichen, das der Mond an diesem Tag durchläuft. Dazu notieren Sie sich die Tätigkeiten, die Sie durchgeführt haben, und vermerken, ob diese durch den Mond mehr oder weniger begünstigt sein sollten. Wenn Sie dann noch das Ergebnis der Aktivität registrieren und (positiv, neutral bzw. negativ) bewerten sowie die Ergebnisse mit denen anderer Tage vergleichen, werden Sie anschaulich und beweiskräftig erfahren, ob und wie die Mondeinflüsse auf Ihren Alltag wirken und wie Sie sich diese Einflüsse zunutze machen können.

Dazu ein Beispiel

Es ist Anfang Juli 2020, und Sie möchten in näherer Zukunft Ihre Fenster putzen.
Zuerst schauen Sie unter der Sparte »Haushalt«, Seite 38ff., nach. Dort erfahren Sie dann unter »Fenster putzen«, dass dafür Luft- und Feuertage bei abnehmendem Mond am günstigsten sind.
Nun schlagen Sie die Mondtabellen am Ende des Buches auf und suchen die nächsten Termine mit dieser Konstellation heraus. In diesem Fall müssen Sie noch ein paar Tage warten, da der Mond bis zum 4. Juli noch zunimmt.
Vom 6. bis 8. Juli steht der abnehmende Mond im Wassermann. Das sind Lufttage und somit sehr gute Termine. Sollten Sie da keine Zeit haben, können Sie diese Arbeit beispielsweise auch vom 11. bis zum 13. Juli erledigen, wenn der abnehmende Mond dann im Widder, einem Feuerzeichen, steht.
Doch es soll noch einmal ganz deutlich hervorgehoben werden:
Die Mondregeln sind als Anregungen und nicht als Dogmen zu betrachten! Beispielsweise muss eine dringende Operation natürlich sofort ausgeführt werden. Und bei Arbeiten im Garten wird selbstverständlich auch das Wetter in die Planung einbezogen – niemand wird bei Minusgraden Rasen säen, auch wenn die Mondkonstellation optimal ist. Werden Sie sensibel für Ihre Umwelt, doch vergessen Sie bei alledem nicht Ihren gesunden Menschenverstand.

Die Gesundheit

Mit »Gesundheit« bezeichnet man nicht allein die Abwesenheit von Krankheit; der Begriff ist viel umfassender zu verstehen. Wir bestehen nicht nur aus unserem Körper – aus Knochen, Nerven, Muskeln und Organen. Was den Menschen ausmacht, ist die Einheit aus Körper, Geist und Seele.

Das bedeutet einerseits, dass wir erkennen können, in welcher Weise auftretende körperliche Symptome psychische Ursachen haben. Andererseits sollte jeder für sich selbst seinen Begriff von Gesundheit definieren. Jeder Mensch hat in allen Bereichen seine Schwächen und Stärken. Dies hängt u. a. von Alter, Lebenssituation und allgemeiner körperlicher Verfassung ab. Also muss jeder für sich herausfinden, was gesund ist.

Für uns alle gilt jedoch, dass eine grundsätzlich positive Einstellung dem Leben gegenüber ausschlaggebend für die eigene Gesundheit ist. Doch natürlich hat auch die Lebensführung Bedeutung. Ein wichtiger Aspekt ist die Ernährung, außerdem Bewegung, Schlaf und Entspannung. Unser Körper sagt uns, was er braucht. Dazu ist es allerdings notwendig, ihm zuzuhören, also sensibel für seine Botschaften zu werden, die Körperbereiche zu pflegen oder eventuell psychische Ursachen herauszufinden und zu beheben. Und wie kann uns nun der Mond dabei helfen, unsere Gesundheit zu bewahren oder gesünder zu werden?

Die Wirkung des Mondes

Bei Neumond ist die Entgiftungsbereitschaft des Körpers besonders groß. Der Zeitpunkt ist also passend, um eine Fastenpause einzulegen oder damit zu beginnen, sich das Rauchen abzugewöhnen, vielleicht auch seinen Alkoholkonsum zu reduzieren.

Bei zunehmendem Mond kann der Körper alles, was er bekommt, besonders gut verwerten. Das betrifft sowohl alles, was auf den Körper heilend und aufbauend wirkt, als auch die Nährstoffe. Diese Phase ist gut geeignet, um sich zu erholen.

Bei Vollmond sind viele Menschen unruhiger als sonst und neigen stärker zu Aggressionen. Schlafstörungen sind häufiger, und man träumt intensiver. Wunden bluten stärker und verheilen schlechter. Dies bedeutet, dass Sie sich bei Vollmond – außer in Notfällen – nicht operieren lassen sollten.

Bei abnehmendem Mond befindet sich der Organismus in Bestform. Körper und Geist sind zu Höchstleistungen fähig. Günstig ist dies für das Durchführen einer Diät, die Entgiftung und Entschlackung des Körpers sowie für operative Eingriffe, denn Wunden heilen schneller. Auf die Psyche wirken Meditationen und Entspannungsübungen besonders intensiv.

Gesundheitsregeln I

Info

- **Neumond ist ein optimaler Zeitpunkt, um zu fasten.**
- **Bei zunehmendem Mond wirken alle heilenden und kräftigenden Maßnahmen am besten.**
- **Den Vollmond erlebt man am sensibelsten. Operationen möglichst vermeiden!**
- **Bei abnehmendem Mond sind alle entschlackenden und entgiftenden Maßnahmen besonders wirksam. Zudem ist nun die geeignetste Zeit für Operationen.**

Die Wirkung der Tierkreiszeichen

Diese Einflüsse der Mondphasen sind im Zusammenhang mit den Tierkreiszeichen zu sehen, die der Mond durchläuft. So ist beispielsweise bei zunehmendem Mond besonders die Wirkung der Tierkreiszeichen auf die Nahrung zu beachten. Und insbesondere, wenn es um einen operativen Eingriff geht, muss berücksichtigt werden, welches Zeichen der Mond gerade durchwandert.

Versuchen Sie es! Lernen Sie schließlich, die Zeichen Ihres Körpers zu erkennen und zu deuten. Die folgenden Richtlinien können Ihnen dabei helfen.

Abnehmen

Sehr günstig Bei Neumond (Fasttag)
Günstig Bei abnehmendem Mond
Weniger günstig Bei zunehmendem Mond
Ungünstig Bei Vollmond

Bäder, heilende

Sehr günstig Bei zunehmendem Mond an den Erdtagen höchst erfolgversprechend
Günstig An Erdtagen
Weniger günstig Bei abnehmendem Mond

Bewegungsapparat stärken

Sehr günstig Bei zunehmendem Mond
Weniger günstig Bei abnehmendem Mond
Ungünstig Bei Neumond

Brennnesselkur (zur Blutreinigung)

Sehr günstig Bei abnehmendem Mond
Weniger günstig Bei zunehmendem Mond nicht ratsam

Entspannungsübungen

Sehr günstig Bei abnehmendem Mond
Günstig Bei Neumond
Weniger günstig Bei zunehmendem Mond
Ungünstig Bei Vollmond

Fußreflexzonenmassage, aufbauende bzw. regenerierende

Sehr günstig Bei zunehmendem Mond an Fischetagen
Günstig Bei zunehmendem Mond
Weniger günstig Bei abnehmendem Mond
Ungünstig Bei abnehmendem Mond an den Löwetagen

Fußreflexzonenmassage, ausleitende bzw. entspannende

Sehr günstig Bei abnehmendem Mond an Fischetagen
Günstig Bei abnehmendem Mond
Weniger günstig Bei zunehmendem Mond
Ungünstig Bei Vollmond

Hühneraugen entfernen

Sehr günstig Bei abnehmendem Mond im Wassermann Behandlung beginnen
Günstig Bei abnehmendem Mond
Ungünstig Bei zunehmendem Mond

Gesundheitsregeln II — Info

- Die Körperregion, die dem Tierkreiszeichen untersteht, das der Mond gerade durchläuft, ist anfällig für Belastungen und sehr empfänglich für positive Maßnahmen.
- Vermeiden Sie möglichst eine Operation an den Tagen, an denen der Mond in dem Tierkreiszeichen steht, das die betroffene Körperregion dominiert.

Massagen, entspannende

Sehr günstig Bei abnehmendem Mond in dem Tierkreiszeichen, das die betreffende Körperregion bestimmt
Günstig Bei abnehmendem Mond
Weniger günstig Bei zunehmendem Mond
Ungünstig Bei Vollmond

Massagen, kräftigende

Sehr günstig Bei zunehmendem Mond in dem Tierkreiszeichen, das die betreffende Körperregion bestimmt
Günstig Bei zunehmendem Mond
Weniger günstig Bei abnehmendem Mond

Nägel (eingewachsene) ziehen

Sehr günstig Bei abnehmendem Mond, aber nicht an einem Fischetag
Günstig Bei abnehmendem Mond
Weniger günstig Bei zunehmendem Mond
Ungünstig Bei zunehmendem Mond an einem Fischetag

Operationen bzw. kleinere chirurgische Eingriffe (gilt nicht für Notoperationen)

Sehr günstig Bei abnehmendem Mond, aber nicht an dem Tag, an dem der Mond in dem Zeichen steht, das der betreffenden Körperregion zugeordnet ist
Weniger günstig Bei zunehmendem Mond, aber auch bei abnehmendem Mond, wenn er in dem Zeichen steht, das der betreffenden Körperregion zugeordnet ist
Ungünstig Bei Vollmond und Neumond

Schlechte Gewohnheiten aufgeben (z. B. das Rauchen)

Sehr günstig Bei Neumond im März
Günstig Bei Neumond
Weniger günstig Bei zunehmendem Mond

Warzen entfernen

Sehr günstig Bei abnehmendem Mond (direkt nach Vollmond)
Günstig Bei abnehmendem Mond
Weniger günstig Bei zunehmendem Mond
Ungünstig Bei zunehmendem Mond an einem Krebstag

Zahnärztliche Behandlung (Füllungen, Kronen, Brücken)

Sehr günstig Bei abnehmendem Mond
Weniger günstig Bei zunehmendem Mond
Ungünstig Bei zunehmendem Mond an einem Stiertag

Zahnärztliche Behandlung (Zähneziehen)

Sehr günstig Bei abnehmendem Mond mit Ausnahme von Lufttagen
Günstig Bei abnehmendem Mond
Weniger günstig Bei zunehmendem Mond
Ungünstig Bei zunehmendem Mond an Lufttagen nicht zu empfehlen

Zahnärztliche Behandlung (Kieferoperation)

Sehr günstig Bei abnehmendem Mond, aber nicht an einem Stiertag
Günstig Bei abnehmendem Mond
Weniger günstig Bei zunehmendem Mond
Ungünstig Bei Vollmond, bei zunehmendem Mond an einem Stiertag

Risiko für Beschwerden

Jedem der zwölf Tierkreiszeichen, die der Mond bei seinem Lauf um die Erde innerhalb von etwa 27 Tagen durchwandert, ist eine bestimmte Körperregion zugeordnet. Dementsprechend empfänglich ist dieser Bereich an diesen Tagen auch – sowohl für alle negativen als auch für entsprechend positive Einflüsse.

Dies bedeutet für uns, dass wir darauf achten sollten, eine Region nicht zu sehr zu belasten, wenn der Mond sich gerade im ihr entsprechenden Zeichen befindet. Bei Empfindlichkeiten im jeweiligen Bereich ist die Schonung desselben angesagt.
Andererseits sind diese Tage optimal dafür geeignet, die entsprechende Körperregion, in welcher Form auch immer, zu pflegen. Dies kann beispielsweise im Fall von Verdauungsproblemen ein Fasttag sein. Auch Massagen wirken besonders nachhaltig, wenn sie am »richtigen« Tag erfolgen. Entspannungsübungen, Heilbäder, die Einnahme von Heilmitteln, Inhalationen, Hautpflege, Gymnastik – die Auswahl an Pflegemaßnahmen gegen Beschwerden ist vielfältig. Die Mondphasen verstärken diese pflegenden Wirkungen, indem sie bestimmte Maßnahmen positiv beeinflussen: Bei zunehmendem Mond wirkt alles, was aufbaut, kräftigt und heilt. Bei abnehmendem Mond sind Maßnahmen zur Entgiftung und Entlastung besonders wirksam.
Chirurgische Eingriffe sollten aber möglichst vermieden werden, wenn der Mond gerade das entsprechende Tierkreiszeichen durchläuft, da sie leider erst einmal eine besondere Belastung darstellen.

Allergien

Besonders hoch Bei Vollmond
Erhöht Bei zunehmendem Mond

Augenbeschwerden

Besonders hoch An Widdertagen in Nähe des Vollmondes
Erhöht An Widdertagen

Blasen- und Nierenbeschwerden

Besonders hoch Bei zunehmendem Mond an Waagetagen
Erhöht An Waage- und Skorpiontagen

Frauenleiden

Erhöht An Skorpiontagen

Fußbeschwerden

Besonders hoch Bei zunehmendem Mond an Fischetagen
Erhöht An Fischetagen deutlich häufiger auftretend

Gelenkschmerzen

Besonders hoch Bei zunehmendem Mond an Steinbocktagen
Erhöht An Steinbock- und Wassermanntagen öfter zu verzeichnen

Halsschmerzen, Heiserkeit

Besonders hoch Bei zunehmendem Mond an Stiertagen
Erhöht An sonstigen Stiertagen auch spürbar häufiger

Herz-Kreislauf-Probleme

Besonders hoch Bei Vollmond im Löwen oft gegeben
Erhöht An Löwetagen

Ischiasreizung

Besonders hoch Bei zunehmendem Mond an Schützetagen
Erhöht An Schützetagen

Kopfschmerzen, Migräne

Besonders hoch An den Widdertagen im März, April, September, Oktober deutlich häufiger auftretend
Erhöht An Widdertagen

Leber- und Gallenbeschwerden

Besonders hoch Bei zunehmendem Mond an Krebstagen
Erhöht An Krebstagen

Magenbeschwerden

Erhöht An Krebstagen

Muskelschmerzen

Erhöht An Zwillinge- und Schützetagen

Ohrenschmerzen

Erhöht An Stiertagen

Rheumatische Beschwerden

Besonders hoch Bei zunehmendem Mond an Zwillingetagen
Erhöht An Zwillingetagen

Schlafstörungen

Besonders hoch Bei Vollmond im Löwen
Erhöht An Löwetagen

Venenbeschwerden

Erhöht An Schütze- und Wassermanntagen

Verdauungsprobleme

Erhöht An Jungfrautagen

Die Heilkräuter

Heilpflanzen wurden schon in frühester Zeit als Heilmittel verwendet, und insbesondere Frauen, die ihre Wirkungen kannten, wurden als Hexen verschrien, weil sie angeblich damit zauberten – denn die Pflanzen enthalten nicht nur heilende, sondern häufig auch giftige Substanzen.
Und wer kennt nicht die mystischen Geschichten über bestimmte Pflanzen, die nur nachts bei Vollmond geerntet werden dürfen, während magische Formeln als Beschwörung gemurmelt werden.

Tatsache ist, dass sehr viele Pflanzen eine heilende Wirkung haben. Und wir wissen, dass der Mond die Natur beeinflusst und dass seine Energien wesentlich auf verschiedene Pflanzenteile wirken.
Dieses Wissen und die jahrhundertealte Erfahrung haben zu zahlreichen Regeln geführt, die uns sagen, wann wir welche Pflanzen sammeln sollten, um in den optimalen Genuss ihrer Wirkung zu kommen und somit gezielt verschiedene Pflanzenteile zur Heilung einsetzen zu können.
Wenn wir z. B. die Blätter einer Pflanze verwenden wollen, ernten wir sie bei zunehmendem Mond an einem Blatttag (siehe hierzu auch die Tabelle auf Seite 23), da sich dann die Energien des Mondes auf die Blätter einer Pflanze konzentrieren und damit die Heilkraft in den Blättern besonders intensiv ist.
Die günstigste Tageszeit hängt davon ab, ob die Pflanzen das Sonnenlicht vertragen oder nicht – am meisten betrifft dies die Wurzeln, da diese kein Sonnenlicht abbekommen sollen. Man gräbt sie nachts bei Vollmond aus, da sie so vor

Sonnenlicht geschützt sind und außerdem von den besonders starken Energien des Vollmondes profitieren.

Früchte und Samen sammeln bzw. ernten

Sehr günstig Bei abnehmendem Mond an Fruchttagen, wenn man die Früchte bzw. Samen aufbewahren will
Günstig Bei zunehmendem Mond an Fruchttagen, wenn man die Früchte bzw. Samen sofort verwenden will
Weniger günstig Bei Vollmond
Ungünstig An Steinbock-, Krebs-, Jungfrau- und Fischetagen

Wurzeln sammeln bzw. ernten

Sehr günstig Bei Vollmond an einem Steinbock- oder Jungfrautag (vor Sonnenaufgang oder nach Sonnenuntergang)
Günstig Bei abnehmendem Mond bzw. Neumond an einem Steinbock- oder Jungfrautag
Weniger günstig Bei zunehmendem Mond
Ungünstig Bei zunehmendem Mond an einem Krebstag

Blüten sammeln bzw. ernten

Sehr günstig Bei zunehmendem Mond am späten Vormittag eines Blütentags
Günstig Bei Vollmond an einem Blütentag
Weniger günstig Bei abnehmendem Mond
Ungünstig Bei abnehmendem Mond an einem Blatttag

Blätter sammeln bzw. ernten

Sehr günstig Bei zunehmendem Mond an einem Skorpiontag
Günstig Bei zunehmendem Mond an einem Krebs- oder Fischetag
Weniger günstig Bei abnehmendem Mond
Ungünstig Bei abnehmendem Mond an einem Wurzeltag

Brennnesseln (zur Blutreinigung) sammeln

Sehr günstig Bei abnehmendem Mond an einem Skorpiontag
Günstig Bei abnehmendem Mond
Weniger günstig Bei zunehmendem Mond nicht sehr ergiebig

Heilkräuter trocknen und abfüllen

Sehr günstig Bei abnehmendem Mond
Weniger günstig Bei zunehmendem Mond
Ungünstig Bei Vollmond

Kräuterkissen herstellen

Sehr günstig Bei abnehmendem Mond an Blütentagen
Günstig Bei abnehmendem Mond
Weniger günstig Bei zunehmendem Mond

Kräutersalben herstellen

Sehr günstig Bei aufsteigendem Mond (Schütze, Steinbock, Wassermann, Fische, Widder und Stier)
Günstig Bei Vollmond
Weniger günstig An Krebs- und Jungfrautagen

Kräutersalben abfüllen

Sehr günstig Bei abnehmendem Mond
Weniger günstig Bei zunehmendem Mond

Beschwerden und Heilpflanzen von A bis Z

Info

Beschwerden	Heilkräuter, die helfen (Auswahl)
Abmagerung	Rettich, Leinsamen
Abszess	Kamille, Brennnessel, Zinnkraut, Odermennig
Afterschrunden	Kamille, Eichenrinde, Gartenrose
Altersschwäche	Löwenzahn, Ginseng, Knoblauch, Weißdorn
Anämie	Kirsche, Schwarze Johannisbeere
Angina	Holunder, Eibisch, Kamille, Salbei
Angina pectoris	Weißdorn, Schafgarbe
Appetitlosigkeit	Beifuß, Basilikum, Kümmel, Enzian, Zwiebel
Arteriosklerose	Arnika, Knoblauch, Mistel, Weißdorn, Zinnkraut
Asthma	Eibisch, Fenchel, Schöllkraut, Thymian
Augenentzündung	Augentrost, Eibisch, Leinkraut, Spitzwegerich
Bettnässen	Bärlapp, Johanniskraut, Schafgarbe, Mistel
Bisswunden	Anis, Spitzwegerich, Knoblauch
Blähungen	Dill, Kümmel, Pfefferminze, Wermut
Blasenbeschwerden	Weide, Bärentraube, Sellerie, Löwenzahn
Blinddarmreizung	Thymian, Brombeere
Blutdruck, hoher	Knoblauch, Mistel, Berberitze
Blutdruck, niedriger	Rosmarin, Mistel
Brandwunden	Klette, Spitzwegerich, Eibisch, Apfel
Brechreiz	Schöllkraut, Pfefferminze
Bronchitis	Fichte, Holunder, Sonnenhut, Thymian, Zwiebel
Darmkatarrh	Apfel, Enzian, Kalmus, Kamille, Mistel, Linde
Darmträgheit	Rote Johannisbeere, Tausendgüldenkraut
Diabetes (Zucker)	Klette, Löwenzahn, Mistel, Wacholder, Wermut
Durchblutungsstörungen	Ackerschachtelhalm, Rosmarin, Weißdorn
Durchfall	Brombeere, Eibisch, Süßholz, Leinsamen
Einschlafstörungen	Baldrian, Hopfen, Passionsblume, Melisse
Ekzeme	Apfel, Birke, Kamille, Malve, Odermennig
Erbrechen	Weinrebe, Dill, Linde, Eiche
Erkältung	Eukalyptus, Hagebutte, Sonnenhut, Zwiebel
Erschöpfung	Apfel, Johanniskraut, Holunder, Melisse
Fettsucht	Löwenzahn, Apfel, Sellerie, Tausendgüldenkraut
Fieber	Mädesüß, Weide, Stechpalme, Sauerdorn, Apfel
Fingernägel, brüchige	Zinnkraut, Hirse, Zitrone
Flechten	Brennnessel, Kamille, Brombeere, Klette
Frauenleiden	Eisenkraut, Frauenmantel, Hirtentäschel, Melisse
Frühjahrsmüdigkeit	Sellerie, Holunder, Löwenzahn, Heidelbeere
Furunkel	Arnika, Eibisch, Kamille, Odermennig, Klette
Gallenbeschwerden	Artischocke, Beifuß, Rettich, Schöllkraut, Wermut
Gastritis	Königskerze, Kamille, Johanniskraut, Salbei

Beschwerden und Heilpflanzen von A bis Z

Info

Beschwerden	Heilkräuter, die helfen (Auswahl)
Gelbsucht	Waldmeister, Wegwarte, Alant, Eiche, Hauhechel
Gerstenkorn	Leinsamen, Zinnkraut, Kamille
Geschwür	Beinwell, Hauswurz, Kamille, Salbei, Zwiebel
Gicht	Brennnessel, Raute, Schöllkraut, Wacholder
Gliederschmerzen	Odermennig, Majoran
Grippaler Infekt	Eibisch, Holunder, Kamille, Sonnenhut, Thymian
Haarausfall	Birke, Brennnessel, Kalmus, Zinnkraut, Klette
Haarschuppen	Brennnessel
Halsschmerzen	Salbei, Eichenrinde, Zwiebel, Fenchel, Weizen
Hämorrhoiden	Rosskastanie, Bärlapp, Kamille, Quecke, Eiche
Handschweiß	Kamille, Weide, Eiche
Harnwegsinfektion	Heidelbeere, Bärentraube, Preiselbeere
Hautausschlag	Wegwarte, Birke, Brennnessel, Kamille, Klette
Heiserkeit	Fenchel, Apfel, Pfefferminze, Stiefmütterchen
Herzbeschwerden	Arnika, Baldrian, Herzgespann, Rosmarin
Herzrhythmusstörungen	Mistel, Hopfen, Knoblauch
Heuschnupfen	Heckenrose, Leinsamen, Augentrost, Linde
Hexenschuss	Odermennig, Arnika, Holunder, Johanniskraut
Hühneraugen	Knoblauch, Schöllkraut, Fette Henne, Zwiebel
Husten	Fenchel, Holunder, Thymian, Zwiebel
Infektionen	Sonnenhut, Kamille, Knoblauch
Insektenstiche	Anis, Eibisch, Hauswurz, Zwiebel, Salbei
Ischias	Brennnessel, Wacholder, Holunder
Keuchhusten	Fenchel, Himbeere, Rettich, Spitzwegerich
Knochenentzündung	Heublume, Beinwell
Kopfschmerzen	Johanniskraut, Baldrian, Lavendel, Rosmarin
Krampfadern	Arnika, Mistel, Rosskastanie, Ziest, Majoran
Kreislaufstörungen	Hirtentäschel, Mistel, Rosmarin, Weißdorn
Kreuzschmerzen	Brennnessel, Baldrian
Leberbeschwerden	Artischocke, Kamille, Mariendistel, Schöllkraut
Lippenherpes	Odermennig, Klette
Lungenentzündung	Beinwurz, Schöllkraut, Thymian, Holunder
Magen, verdorbener	Apfel, Pfefferminze, Gänsefingerkraut, Fenchel
Magenbeschwerden	Pomeranze, Melisse, Hopfen, Majoran
Magersucht	Eiche
Masern	Holunder
Menstruationsbeschwerden	Frauenmantel, Tausendgüldenkraut, Wermut
Migräne	Baldrian, Schwarze Johannisbeere, Lavendel
Mittelohrentzündung	Spitzwegerich, Holunder, Hauswurz
Mundgeruch	Petersilie, Wermut, Erdbeere, Dill, Wacholder

Beschwerden und Heilpflanzen von A bis Z

Info

Beschwerden	Heilkräuter, die helfen (Auswahl)
Mundschleimhautentzündung	Salbei, Eibisch
Muskelkater	Majoran, Gänseblümchen
Nagelbettentzündung	Kamille, Arnika, Zwiebel
Nasenbluten	Schafgarbe, Bärlapp, Hirtentäschel, Mistel
Nervosität	Johanniskraut, Hopfen, Lavendel, Melisse
Nierenbeschwerden	Hagebutte, Brennnessel, Wacholder, Zinnkraut
Ohnmacht	Arnika, Rosskastanie, Enzian, Lavendel, Kamille
Ohrenschmerzen	Veilchen, Ysop, Spitzwegerich, Hauswurz, Anis
Potenzprobleme	Zwiebel, Weizen
Prostatabeschwerden	Kürbiskern, Goldraute, Alpenrose
Rheumatische Beschwerden	Beinwell, Apfel, Arnika, Raute, Salbei, Schafgarbe
Scharlach	Holunder, Bärlapp
Schilddrüsenüberfunktion	Mistel, Eiche, Baldrian, Zwiebel
Schlafstörungen	Baldrian, Brombeere, Hopfen, Waldmeister, Dill
Schmerzen	Arnika, Johanniskraut, Safran, Thymian, Weide
Schnupfen	Majoran, Schafgarbe, Pfefferminze, Holunder
Schüttelfrost	Heublume
Schweißfüße	Eiche, Kamille, Weide, Hafer
Schwindel	Knoblauch, Johanniskraut, Lavendel, Schafgarbe
Schwitzen	Kamille, Salbei, Weide, Brennnessel, Eiche
Seitenstechen	Salbei, Baldrian, Johanniskraut
Sodbrennen	Brennnessel, Sauerklee, Wermut, Wacholder
Sonnenbrand	Rosskastanie, Johanniskraut
Stoffwechselstörungen	Weinrebe, Salbei, Wacholder, Wermut
Thrombose	Rosskastanie
Übelkeit	Nelkenwurz, Artischocke, Pfefferminze
Unruhe, nervöse	Kamille, Anis, Thymian
Venenleiden	Ringelblume, Rosskastanie, Arnika
Verdauungsbeschwerden	Enzian, Heidelbeere, Hopfen, Kümmel, Wermut
Verrenkungen	Hauswurz, Arnika, Johanniskraut, Schafgarbe
Verstopfung	Flohsamen, Leinsamen, Faulbaumrinde
Völlegefühl	Mistel, Rosmarin, Schafgarbe, Wegwarte, Wermut
Wadenkrampf	Hauhechel
Warzen	Schöllkraut, Hauswurz
Wechseljahrebeschwerden	Frauenmantel, Herzgespann, Johanniskraut
Wundheilung	Arnika, Hirtentäschel, Kamille, Ziest, Zinnkraut
Würmer	Apfel, Faulbaumrinde, Heidelbeere, Kohl, Ysop
Zahnfleischentzündung	Sanddorn, Kamille, Salbei, Zinnkraut
Zahnschmerzen	Hauhechel, Kalmus, Kamille, Pfefferminze, Bärlapp
Zungenbelag	Wermut

Körperpflege und Schönheit

Körperpflege ist für uns selbstverständlich. Niemand muss uns extra erzählen, dass wir uns täglich waschen, Zähne putzen und Haare kämmen sollen. Doch zu einem gepflegten Aussehen gehört noch mehr – nämlich das, was nach außen vermittelt, dass wir uns in unserem Körper wohl fühlen und ihm mehr als nur das Allernötigste zukommen lassen. Und nicht zuletzt ist Körperpflege gleichzeitig auch Pflege der Seele.

Der richtige Zeitpunkt

Jede Maßnahme zur Körperpflege ist grundsätzlich jederzeit sinnvoll. Oder der Zeitpunkt wird von den Ereignissen bestimmt – wie das erfrischende Fußbad nach einer langen Bergwanderung. Doch wenn Sie ein bestimmtes Ziel verfolgen, dann sollten Sie sich nach dem Mond richten, wenn Sie mit wenig Aufwand eine optimale Wirkung erzielen wollen.

Das Gleiche gilt für die Schönheitspflege. Dem allgemeinen Schönheitsideal entsprechen nur die wenigsten. Doch jeder Mensch ist schön bzw. kann schön sein, wenn er sich akzeptiert, wie er ist, wenn er seine Bedürfnisse und die seines Körpers befriedigt. Denn wer mit sich selbst in Harmonie lebt, hat eine positive Ausstrahlung, die ihn attraktiv macht. Dabei spielen eine der eigenen Natur gemäße Lebensweise und eine gesunde, ausgewogene Ernährung eine wichtige Rolle. Doch es gibt auch jede Menge Tricks, wie wir kleine Schönheitsfehler kaschieren können – durch Schminken oder eine günstige Frisur. Der Mond vermittelt Ihnen, zu welchem Zeitpunkt welche Behandlung am günstigsten ist. Wenn Sie z. B. einen Kurzhaarschnitt haben und nicht ständig zum Frisör gehen wollen, dann lassen Sie die Haare bei abnehmendem Mond an Löwetagen schneiden. Sie wachsen dann langsamer, dafür umso dichter nach. Streben Sie hingegen eine wallende Mähne an, schneiden Sie bei zunehmendem Mond an einem Löwetag die Spitzen. Die Haare wachsen dann auch dicht, doch wesentlich schneller nach.

Der Mond und die Haut

Die Mondphasen haben eine deutliche Wirkung auf die Haut. Bei zunehmendem Mond ist sie gut durchblutet, feucht und aufnahmebereit für Nährstoffe. Die Zeit ist jetzt sehr geeignet für alle Masken, die zum Aufbau der Haut beitragen. Am günstigsten ist dafür der Vollmond.

Bei abnehmendem Mond hingegen ist die Haut eher trocken und schlechter durchblutet. Die Haut ist in dieser Phase bedeutend unemp-

Peelings — Info

Wenn man die Haut mit Hilfe eines Peelings von rauen und abgestorbenen Partikeln befreien bzw. reinigen möchte, sollte man dafür immer die Phase des abnehmenden Mondes wählen.

Wichtig ist aber auch, dass man ein Peeling trotz dieser Phase nach Möglichkeit niemals an Krebs- oder Fischetagen durchführt. Peelings bei zunehmendem Mond in Krebs bzw. Fische können erfahrungsgemäß sogar zu starken Hautrötungen oder lokalen Hautentzündungen führen.

findlicher gegen Schmerzen. Deshalb sind schmerzhafte Behandlungen, wie beispielsweise das Entfernen von Hautunreinheiten, weniger unangenehm. Entgiftung und Maßnahmen zur Tiefenreinigung der Haut sind nun besonders begünstigt.

Bäder, anregende

Sehr günstig Bei zunehmendem Mond an den Lufttagen
Günstig An Lufttagen
Weniger günstig Bei abnehmendem Mond an den Erdtagen

Bäder, aphrodisische

Sehr günstig Bei Vollmond an den Feuertagen besonders zu empfehlen
Günstig Bei abnehmendem Mond an den Feuertagen
Weniger günstig Bei zunehmendem Mond an den Wassertagen

Bäder, beruhigende

Sehr günstig Bei abnehmendem Mond an den Wassertagen
Günstig An Wassertagen
Weniger günstig Bei zunehmendem Mond an den Feuertagen
Ungünstig Bei Vollmond

Bäder, heilende

Sehr günstig Bei zunehmendem Mond an den Erdtagen
Günstig An Erdtagen
Weniger günstig Bei abnehmendem Mond

Fußpflege (Haut und Nägel)

Sehr günstig An Steinbocktagen
Günstig Bei abnehmendem Mond
Weniger günstig Bei zunehmendem Mond
Ungünstig An Fischetagen das Schneiden von Nägeln

Haare färben bzw. tönen

Sehr günstig Bei zunehmendem Mond an Zwillinge- oder Waagetagen
Günstig An Wassermanntagen
Ungünstig Bei abnehmendem Mond

Haare schneiden, wenn sie dichter nachwachsen sollen

Sehr günstig Bei abnehmendem Mond an Löwetagen
Weniger günstig An allen Krebs- und Fischetagen
Ungünstig Bei zunehmendem Mond an Krebs- und Fischetagen

Haare schneiden, wenn sie schneller nachwachsen sollen

Sehr günstig Bei zunehmendem Mond an Löwetagen
Weniger günstig An allen Krebs- und Fischetagen
Ungünstig Bei abnehmendem Mond an Krebs- und Fischetagen

Haare waschen

Sehr günstig An Lufttagen
Günstig An Feuertagen
Ungünstig An Krebs- und Fischetagen

Handpflege (Haut und Nägel)

Sehr günstig An Steinbocktagen
Günstig Bei abnehmendem Mond
Weniger günstig Bei zunehmendem Mond
Ungünstig An Zwillingetagen das Schneiden von Nägeln

Hautpflege, aufbauende bzw. ernährende

Sehr günstig Bei zunehmendem Mond an einem Steinbocktag
Günstig Bei zunehmendem Mond
Weniger günstig Bei abnehmendem Mond

Hautpflege, tiefenreinigende

Sehr günstig Bei abnehmendem Mond an einem Steinbocktag
Günstig Bei abnehmendem Mond
Weniger günstig Bei zunehmendem Mond
Ungünstig Bei zunehmendem Mond an einem Steinbocktag

Körperhaare entfernen

Sehr günstig Bei abnehmendem Mond an einem Steinbocktag
Günstig Bei abnehmendem Mond
Weniger günstig Bei zunehmendem Mond nicht zu empfehlen

Nägel (eingewachsene) korrigieren

Sehr günstig Bei zunehmendem Mond an einem Steinbocktag
Günstig Bei zunehmendem Mond
Weniger günstig Bei abnehmendem Mond

Saunabad

Sehr günstig Bei abnehmendem Mond in einem Feuerzeichen äußerst erholsam
Günstig Bei abnehmendem Mond
Weniger günstig Bei Vollmond

Sonnenbad

Günstig Bei abnehmendem Mond, außer an Feuer- und Steinbocktagen
Weniger günstig Bei zunehmendem Mond, vor allem an Feuer- und Steinbocktagen

Der Haushalt

Wir brauchen nur den Fernseher einzuschalten, und schon haben wir sie in unserem Wohnzimmer – die adretten Hausfrauen, die mit verzweifeltem Gesicht vor Bergen von schmutzigem Geschirr stehen oder vor schmierigen Kacheln kapitulieren. Doch dann kommt ihnen wie von Zauberhand ein wunderbares Mittel zu, das alle ihre Probleme löst. Werbung gehört zu unserem Alltag, aber was uns damit vermittelt wird, sollte nicht unbedingt zur Grundlage für unsere Haushaltsführung werden.

Es ist nicht nötig, immer neue Mittel auszuprobieren, die schneller, besser und sauberer putzen und waschen. Denn es gibt eine einfache Methode, wie man sich manche Hausarbeit erleichtern kann: Wenn Sie sich nach dem Mond richten, werden Sie feststellen, dass Sie auch ohne scharfe Mittel und ohne viel Geschrubbe zurechtkommen können. Manche dieser Tipps erscheinen uns vielleicht schwer nachvollziehbar. Doch sie basieren auf jahrhundertelanger Erfahrung und haben sich vielfach bewährt.

Waschen und putzen

Grundregel ist, dass sich fast alle Hausarbeiten leichter und erfolgreicher bei abnehmendem Mond erledigen lassen, denn sie haben meistens mit Reinigen, also dem Entziehen von Schmutz zu tun. Die Wirkung ist meist nicht von heute auf morgen bemerkbar. Aber wenn Sie sich längere Zeit am Mond orientieren, stellen Sie Änderungen fest.
So sollte man möglichst bei abnehmendem Mond an einem Wassertag waschen. Die

Wäsche wird leichter sauber. Zumindest bei stark verschmutzter Wäsche sollten Sie diese Regel beherzigen. Auch beim Fensterputzen hat man manchmal das Gefühl, man muss nur kurz wischen, und schon sind die Fenster strahlend sauber. An anderen Tagen kann man machen, was man will, die Schlieren gehen einfach nicht weg. Bei abnehmendem Mond an einem Luft- oder Feuertag werden Sie mit Sicherheit Erfolg haben. Dasselbe gilt auch für die Reinigung von Fernseh- und Computerbildschirmen.

Konservieren und lüften

Konservieren und Einlagern von Lebensmitteln geschieht am besten bei aufsteigendem Mond. Diese Aktivität ist zwar auch von der Mondphase beeinflusst, mehr aber noch von dem Tierkreiszeichen, das der Mond gerade durchwandert. In engem Zusammenhang damit stehen die Erntetermine.

Nicht begünstigt für das Ernten, Lagern und Konservieren sind alle Jungfrau- und Krebstage. Egal, was Sie gerade einkochen wollen, diese Tage sind immer zu meiden, denn die Gemüse oder Früchte schimmeln leicht. Auch die Fischetage sind nicht besonders günstig, trotz des aufsteigenden Mondes. An diesen Tagen eingekochtes Obst und Gemüse wird leider leicht faulig.

Schließlich noch ein Wort zum Thema Lüften von Wohnung und Betten: Am besten ist es ja bekanntlich, einmal am Tag für ein paar Minuten alle Fenster und Türen zu öffnen. Ausgiebig sollte man aber nur an den Luft- und Feuertagen lüften.

Die Betten (und Matratzen) können und sollen natürlich auch jederzeit gelüftet werden, doch besonders ausgiebig nur bei abnehmendem Mond in einem Luftzeichen. Bei zunehmendem Mond oder gar an einem Wassertag ziehen sie die Feuchtigkeit an.

Backen

Sehr günstig Brot bei abnehmendem, Kuchen bei zunehmendem Mond an einem Luft- oder Feuertag

Ungünstig An allen Wassertagen

Butter zubereiten

Sehr günstig An Feuertagen

Günstig An Lufttagen

Weniger günstig An Erdtagen

Ungünstig An Wassertagen

Chemisch reinigen

Sehr günstig Bei abnehmendem Mond, aber nicht an einem Steinbocktag

Weniger günstig Bei zunehmendem Mond

Ungünstig Bei zunehmendem Mond an einem Steinbocktag

Einfrieren von Obst bzw. Fruchtgemüse

Sehr günstig An einem Fruchttag

Weniger günstig An einem Skorpion- oder einem Fischetag

Ungünstig An einem Krebs- oder Jungfrautag

Einkochen von Obst bzw. Fruchtgemüse

Sehr günstig Bei zunehmendem Mond an einem Fruchttag äußerst ergiebig

Günstig An einem Fruchttag

Weniger günstig Bei abnehmendem Mond an Wurzel- und Blütentagen

Ungünstig Bei abnehmendem Mond an einem Blatttag

Einkochen von Wurzelgemüse

Sehr günstig Bei abnehmendem Mond an einem Stier- oder Steinbocktag äußerst empfehlenswert

Günstig An einem Wurzeltag (z. B. Stier, Steinbock), aber nie an einem Jungfrautag – wegen der erhöhten Schimmelgefahr

Weniger günstig Bei zunehmendem Mond

Ungünstig Bei zunehmendem Mond an einem Krebs-, Fische- oder Jungfrautag

Fenster putzen

Sehr günstig Bei abnehmendem Mond an einem Luft- oder Feuertag

Günstig Bei abnehmendem Mond

Weniger günstig Bei zunehmendem Mond

Ungünstig Bei zunehmendem Mond an einem Wassertag

Fensterrahmen reinigen

Sehr günstig Bei abnehmendem Mond an einem Wassertag

Ungünstig Bei zunehmendem Mond an einem Feuertag

Flecken entfernen

Sehr günstig Bei abnehmendem Mond an einem Wassertag

Günstig Bei abnehmendem Mond

Weniger günstig Bei zunehmendem Mond nicht sehr erfolgreich

Garderobe einlagern

Sehr günstig Bei abnehmendem Mond an den Lufttagen

Günstig Bei abnehmendem Mond

Weniger günstig Bei zunehmendem Mond

Ungünstig Bei zunehmendem Mond an den Wassertagen

Glas reinigen

Sehr günstig Bei abnehmendem Mond an den Lufttagen

Günstig Bei abnehmendem Mond

Weniger günstig Bei zunehmendem Mond

Ungünstig Bei zunehmendem Mond an einem Wassertag

Haushaltsplanung

Sehr günstig Bei zunehmendem Mond an Stier- und Steinbocktagen, weil man nun viel Gespür für Geldangelegenheiten besitzt

Weniger günstig Bei abnehmendem Mond an Krebs- und Fischetagen

Hausputz, großer

Sehr günstig Bei abnehmendem Mond an Wassermanntagen

Günstig Bei abnehmendem Mond an Zwillinge- und Waagetagen

Weniger günstig Bei zunehmendem Mond

Ungünstig Bei zunehmendem Mond an den Erdtagen

Heizen, erstes (im Herbst)

Sehr günstig Bei abnehmendem Mond an einem Feuertag

Ungünstig Bei zunehmendem Mond in einem Erdzeichen

Holz- und Parkettböden feucht reinigen

Sehr günstig Bei abnehmendem Mond an Luft- und Feuertagen

Günstig Bei abnehmendem Mond, aber nicht an Wassertagen

Weniger günstig Bei zunehmendem Mond, aber auch bei abnehmendem Mond an den Wassertagen

Ungünstig Bei zunehmendem Mond an einem Wassertag

Kochen

Sehr günstig Bei abnehmendem Mond an Krebs-, Waage- und Fischetagen
Günstig An Krebs-, Waage- und Fischetagen
Weniger günstig Bei zunehmendem Mond an den Feuertagen

Lüften von Betten und Matratzen

Sehr günstig Bei abnehmendem Mond an Lufttagen besonders zu empfehlen
Günstig An Lufttagen
Weniger günstig Bei zunehmendem Mond an Skorpion- und Fischetagen
Ungünstig Bei zunehmendem Mond an einem Krebstag

Lüften von Kellerräumen

Sehr günstig Bei abnehmendem Mond (kurz vor Neumond) an einem Luft- oder auch einem Feuertag
Günstig Bei abnehmendem Mond, kurz vor Neumond
Weniger günstig Bei zunehmendem Mond an den Wassertagen
Ungünstig Bei zunehmendem Mond (kurz vor Vollmond) an Wassertagen

Lüften von Kleiderschränken und Wohnräumen

Sehr günstig Bei abnehmendem Mond an Luft- und Feuertagen
Weniger günstig Bei zunehmendem Mond an den Erdtagen. An diesen Tagen vor allem nicht zu lange lüften!
Ungünstig Bei zunehmendem Mond an Wassertagen. An diesen Tagen nur kurz lüften!

Metalle (Kupfer, Messing, Silber) reinigen

Sehr günstig Bei abnehmendem Mond an den Lufttagen höchst erfolgversprechend
Günstig Bei abnehmendem Mond
Weniger günstig Bei zunehmendem Mond
Ungünstig Bei zunehmendem Mond an einem Wassertag

Pflanzen (Zimmer und Balkon) setzen bzw. umtopfen

Sehr günstig Bei zunehmendem Mond an den Jungfrautagen
Weniger günstig Bei abnehmendem Mond an den Feuertagen
Ungünstig Bei Neumond

Pflanzen (Zimmer und Balkon) gießen

Sehr günstig Bei abnehmendem Mond an den Wassertagen
Günstig An Wassertagen
Weniger günstig Bei zunehmendem Mond
Ungünstig An Lufttagen

Pflanzen (Zimmer und Balkon) düngen

Sehr günstig Bei Vollmond an allen Blatttagen
Günstig Bei abnehmendem Mond an Blütentagen bzw. Wurzeltagen
Weniger günstig Bei zunehmendem Mond
Ungünstig Bei zunehmendem Mond an allen Fruchttagen

Porzellan reinigen

Sehr günstig Bei abnehmendem Mond in einem Feuerzeichen
Günstig Bei abnehmendem Mond

Weniger günstig Bei zunehmendem Mond
Ungünstig Bei zunehmendem Mond an einem Wassertag

Sauerkraut herstellen (Weißkohl hobeln und einlegen)

Sehr günstig Bei abnehmendem Mond an einem Steinbocktag
Günstig Bei aufsteigendem Mond (Schütze, Steinbock, Wassermann, Fische, Widder und Stier)
Weniger günstig Bei zunehmendem Mond
Ungünstig Bei absteigendem Mond (Zwillinge, Krebs, Lowe, Jungfrau, Waage, Skorpion)

Schimmel bzw. Feuchtigkeit beseitigen

Sehr günstig Bei abnehmendem Mond an Lufttagen und an Widdertagen
Günstig Bei abnehmendem Mond, aber nicht an Wassertagen
Weniger günstig Bei zunehmendem Mond, aber auch bei abnehmendem Mond an den Wassertagen
Ungünstig Bei zunehmendem Mond an Wassertagen nicht zu empfehlen

Schuhe putzen

Sehr günstig Bei abnehmendem Mond an den Lufttagen
Günstig Bei abnehmendem Mond
Weniger günstig Bei zunehmendem Mond
Ungünstig Bei zunehmendem Mond an den Wassertagen

Speisekammer reinigen

Sehr günstig Bei abnehmendem Mond (kurz vor Neumond) an einem Luft- oder auch einem Feuertag
Günstig Bei abnehmendem Mond, kurz vor Neumond
Weniger günstig Bei zunehmendem Mond an Wassertagen kaum erfolgversprechend
Ungünstig Bei zunehmendem Mond (kurz vor Vollmond) an Wassertagen

Staub wischen

Sehr günstig Bei abnehmendem Mond an den Erdtagen
Günstig Bei abnehmendem Mond
Weniger günstig Bei zunehmendem Mond
Ungünstig Bei zunehmendem Mond an Lufttagen nicht erfolgreich

Steinguttöpfe reinigen

Sehr günstig Bei abnehmendem Mond an einem Lufttag
Günstig Bei abnehmendem Mond
Weniger günstig Bei zunehmendem Mond
Ungünstig Bei zunehmendem Mond an den Wassertagen

Streichen und lackieren

Sehr günstig Bei abnehmendem Mond an den Lufttagen
Günstig Bei abnehmendem Mond an allen Erdtagen
Weniger günstig An Wasser- und Feuertagen (vor allem Löwe)
Ungünstig Bei zunehmendem Mond an einem Wassertag

Wäsche waschen

Sehr günstig Bei abnehmendem Mond an einem Wassertag
Günstig Bei abnehmendem Mond, aber nicht an einem Feuertag
Weniger günstig Bei zunehmendem Mond

Bauen und Heimwerken

Bauarbeiten am Haus, im Garten und in der Wohnung werden heute meistens von Handwerkern erledigt, nach deren Terminen man sich richten muss. Auch wenn die Arbeiten im Rahmen eines Hausbaus oder einer größeren Renovierung stattfinden, sind die äußeren Umstände maßgeblich. Doch wenn Sie die Möglichkeit haben, die Termine zu bestimmen, sollten Sie sich die folgenden Regeln zu Herzen nehmen.

Bei Malerarbeiten können Sie beispielsweise mit der Wahl des richtigen Termins auf hochgiftige und teure Farben sowie Lacke leicht verzichten. Ungiftige Farben scheinen uns manchmal eine schlechtere Qualität zu haben, doch wenn sie zum richtigen Zeitpunkt verarbeitet werden, sind sie den anderen Produkten durchaus gleichwertig. Für solche Arbeiten ist der abnehmende Mond erfahrungsgemäß am besten geeignet, da die Farben dann gut trocknen und sich besonders gut mit dem Untergrund verbinden.

Generell sollten fast alle Reparatur- und Heimwerkerarbeiten am besten bei abnehmendem Mond durchgeführt werden.

Das gilt auch für alle Erdarbeiten, da in dieser Mondphase das Wasser und damit die Bodenfeuchtigkeit nach unten zieht und deshalb Baugruben in der Regel nicht so rasch voll laufen. Dies sollte insbesondere immer beim Aushub für ein Fundament oder den Keller berücksichtigt werden, wenn man später feuchte Wände und nasse, muffige Kellerräume lieber vermeiden möchte.

Auch Dacharbeiten führt man am besten bei abnehmendem Mond durch.

Beton und Estrich gießen

Sehr günstig Bei abnehmendem Mond in den Erdzeichen. Das Material trocknet gleichmäßig und verbindet sich gut mit dem Untergrund. Die Rissbildung ist sehr gering.

Günstig Bei abnehmendem Mond, aber nicht an Löwetagen

Weniger günstig Bei zunehmendem Mond und abnehmendem Mond an Löwetagen

Ungünstig Bei Vollmond, besonders Vollmond im Löwen. An Löwetagen trocknet der Beton immer zu rasch – starke Rissbildung ist dann die Folge. Bei Vollmond entsteht zudem keine gute Verbindung zum Untergrund und zu anderen Flächen.

Dachstuhl fertigen und aufrichten

Sehr günstig Bei abnehmendem Mond an einem Steinbocktag kann man diese Arbeit am erfolgreichsten verrichten. Das Holz arbeitet nicht so stark; der Dachstuhl bleibt »ruhig«.

Günstig Bei abnehmendem Mond, aber nicht in Löwe, Schütze oder Krebs

Weniger günstig Bei zunehmendem Mond, aber auch abnehmendem Mond in Löwe, Schütze oder Krebs

Ungünstig Bei zunehmendem Mond in Löwe, Schütze oder Krebs sowie bei Vollmond ist von dieser Arbeit ganz abzuraten. Das Holz reißt nämlich leichter, arbeitet stärker und kann sich verziehen.

Dach (mit Schindeln bzw. Stroh) eindecken

Sehr günstig Bei abnehmendem Mond in Zwillinge, Waage, Wassermann

Weniger günstig Bei zunehmendem Mond

Ungünstig Bei zunehmendem Mond an den Feuertagen

Dach (mit Ziegeln) eindecken

Sehr günstig Bei abnehmendem Mond an einem Steinbocktag
Günstig Bei abnehmendem Mond
Weniger günstig Bei zunehmendem Mond
Ungünstig Bei zunehmendem Mond an den Wassertagen

Dach (Ziegel) ausbessern

Sehr günstig Bei abnehmendem Mond, aber nicht an einem Krebstag
Weniger günstig Bei zunehmendem Mond
Ungünstig Bei zunehmendem Mond im Krebs nicht erfolgreich

Dach (Ziegel) reinigen

Sehr günstig Bei abnehmendem Mond an einem Steinbocktag
Günstig Bei abnehmendem Mond
Weniger günstig Bei abnehmendem Mond an Krebstagen
Ungünstig Bei zunehmendem Mond im Krebs

Dachrinnen reinigen

Sehr günstig Bei abnehmendem Mond
Weniger günstig Bei zunehmendem Mond

Drainage (Wasserableitung) legen

Sehr günstig Bei zunehmendem Mond an den Wassertagen
Weniger günstig Bei zunehmendem Mond, wenn er nicht in einem Wasserzeichen steht
Ungünstig Bei abnehmendem Mond. Das Wasser zieht nämlich in die Erde ein und meidet die vorgesehene Ableitung, die rasch versanden kann.

Erdaushub (z. B. für Fundament)

Sehr günstig Bei abnehmendem Mond, aber nicht an den Wassertagen. Die Baugrube bleibt trocken; nach stärkeren Regenfällen wird sie schneller wieder trocken.
Günstig Bei abnehmendem Mond
Weniger günstig Bei zunehmendem Mond
Ungünstig Bei zunehmendem Mond an den Wassertagen. In die Baugrube strömt leicht Grundwasser, das später dann ins Fundament eindringen kann.

Erdaushub mit sofortiger Drainage

Sehr günstig Bei zunehmendem Mond an den Wassertagen. Die Wassersituation wird erkennbar; Ableitungsmaßnahmen können ausreichend ausgelegt werden.
Weniger günstig Bei zunehmendem Mond, wenn der Mond nicht gerade in einem Wasserzeichen steht
Ungünstig Bei abnehmendem Mond

Fenster verglasen bzw. einsetzen

Sehr günstig An Wassermann- und Zwillingetagen. Die Scheiben bleiben dann klar.
Günstig Bei abnehmendem Mond, aber nicht an Wassertagen
Weniger günstig Bei abnehmendem Mond an Wassertagen
Ungünstig Bei zunehmendem Mond an Wassertagen und bei Vollmond

Fußbodenbeläge verlegen

Günstig Bei abnehmendem Mond. Die Beläge liegen dann glatt und fest auf dem Untergrund – kein Wölben bei schwankender Luftfeuchtigkeit. Der Kleber hält besser.
Weniger günstig Bei zunehmendem Mond
Ungünstig Bei Vollmond. Die Beläge wölben sich leichter, bilden Falten. Der Kleber hält nicht gut.

Hausfassade (Putz) tünchen

Sehr günstig Bei abnehmendem Mond an einem Luft- oder Feuertag

Günstig Bei abnehmendem Mond an einem Erdtag

Weniger günstig Bei zunehmendem Mond, aber auch abnehmendem Mond an einem Wassertag

Ungünstig Bei zunehmendem Mond an einem Wassertag

Holzdecken und -dielen verlegen

Sehr günstig Bei abnehmendem Mond an einem Steinbocktag. Fester Sitz und geringe Fäulnisgefahr!

Günstig Bei abnehmendem Mond, aber nicht an Löwe-, Schütze- oder Krebstagen

Weniger günstig Bei zunehmendem Mond, aber auch abnehmendem Mond an Löwe-, Schütze- oder Krebstagen

Ungünstig Bei zunehmendem Mond in Löwe, Schütze, Krebs und bei Vollmond. Das Holz arbeitet nämlich, die Böden knarren und werden bald morsch.

Holztreppen anfertigen bzw. einbauen

Sehr günstig Bei abnehmendem Mond an einem Steinbocktag. Das Holz arbeitet nicht so stark; die Treppe verzieht sich nicht.

Günstig Bei abnehmendem Mond, aber nicht in Löwe, Schütze oder Krebs

Weniger günstig Bei zunehmendem Mond, aber auch bei abnehmendem Mond in Löwe, Schütze oder Krebs

Ungünstig Bei zunehmendem Mond in Löwe, Schütze, Krebs und bei Vollmond. Das Holz reißt jetzt leichter, arbeitet stärker und kann sich verziehen.

Installation von Wasser- und Heizanlagen

Sehr günstig Bei zunehmendem Mond an Wassertagen am erfolgreichsten

Günstig An Wassertagen

Weniger günstig Bei abnehmendem Mond an den Erdtagen

Ungünstig Bei abnehmendem Mond an Luft- und Feuertagen

Malerarbeiten, allgemein

Sehr günstig Bei abnehmendem Mond an Luft- und Feuertagen (aber nicht an Löwetagen!). Leichtes Auftragen, saubere Übergänge, geringer Materialverbrauch und lange Haltbarkeit sind nämlich die Folge. An Löwetagen trocknet die Farbe zu schnell!

Günstig Bei abnehmendem Mond an den Erdtagen

Weniger günstig Bei zunehmendem Mond, aber auch abnehmendem Mond an Krebs- und Löwetagen

Ungünstig Bei zunehmendem Mond in Krebs oder Löwe. Geringe Saugfähigkeit des Untergrunds, Streifenbildung und verstärkte Gesundheitsgefährdung durch Lösungsmitteldämpfe sind zu erwartende Probleme.

Putzmörtel aufbringen bzw. ausbessern

Sehr günstig Bei abnehmendem Mond, mit Ausnahme der Wassertage. Der Putz haftet gut und dauerhaft. Neuer Putz fügt sich besser an den vorhandenen an.

Günstig Bei abnehmendem Mond, aber nicht an einem Krebstag

Weniger günstig Bei zunehmendem Mond, aber auch abnehmendem Mond im Krebs sowie bei Vollmond

Ungünstig Bei zunehmendem Mond an Krebs- und Löwetagen; ganz besonders bei Vollmond in Krebs bzw. Löwe. Der Putz haftet schlecht und bildet Risse.

Wassersuche und Wasserbau

Sehr günstig Bei zunehmendem Mond an einem Fischetag

Günstig Bei zunehmendem Mond an einem Krebs- oder Skorpiontag

Weniger günstig Bei zunehmendem Mond in einem Luft-, Feuer- oder Erdzeichen

Ungünstig Bei abnehmendem Mond

Wegebau

Sehr günstig Bei Neumond im Steinbock und abnehmendem Mond im Steinbock. Platten liegen fest, Pfosten halten besser, Nägel bleiben im Holz.

Günstig Bei Neumond bzw. abnehmendem Mond, aber nicht an Krebs- und Schützetagen

Weniger günstig Bei zunehmendem Mond, auch abnehmendem Mond in Krebs und Schütze

Ungünstig Bei zunehmendem Mond an Krebs- und Schützetagen sowie bei Vollmond. Platten lockern sich nun leicht, brechen; Pfosten sind nicht fest und faulen schneller.

Wasserbau Info

Wenn man von Wasserbaumaßnahmen spricht, meint man beispielsweise eine Uferbefestigung oder Erweiterung des Gartenteichs, die üblichen Kanalisierungsarbeiten oder auch die Reparatur von Brunnenleitungen.

Garten und Landwirtschaft

Jeder Gartenbesitzer weiß, wie entspannend und befriedigend es ist, seinen Nachmittagskaffee gemütlich zwischen blühenden Sträuchern und Blumen einzunehmen, oder wie viel köstlicher selbst gezogenes Obst und Gemüse schmeckt. Doch er weiß auch, welche Arbeit hinter all diesem Genuss steckt und wie niederschmetternd es ist, wenn der liebevoll gesäte Rasen alles andere als dicht wächst oder wenn die gehegten und gepflegten Tomatenpflanzen nur ein paar kümmerliche Früchte hergeben.

Umsicht und Sorgfalt

Es gibt heute für alle Arbeiten und Probleme jede Menge Gerätschaften und Mittel, die teilweise sehr nützlich sind und die Arbeit durchaus erleichtern können. Doch gerade was Düngemittel, Pflanzenschutz und Schädlingsbekämpfung angeht, sollte man sich sehr gut überlegen, was man anwendet. Denn viele Mittel sind hochgiftig, was bedeutet, dass man genau darauf achten muss, welche Pflanzen man damit behandelt und welche Pflanzen in der näheren Umgebung stehen. Außerdem wird das Grundwasser damit belastet.

Das Wachstum der Pflanzen hängt von vielen Faktoren ab. Das Wetter, der Standort, die Bodenqualität usw. spielen eine wichtige Rolle. Doch ein entscheidender Punkt ist auch die Pflege – und dabei kann uns der Mond helfen. Denn wenn wir die Einflüsse der vier Mondphasen in Verbindung mit dem Stand des Mondes im Tierkreis betrachten, können wir für jede Pflanze die optimalen Termine für

das Säen bzw. Setzen, das Gießen, Düngen und Schneiden bestimmen.
Darüber hinaus hilft uns der Mond auch noch bei der Schädlingsbekämpfung. Er zeigt uns Termine, an denen wir durchaus mit einer geringen Dosierung beste Erfolge erzielen können. So sollten Schädlinge grundsätzlich bei abnehmendem Mond bekämpft werden. Doch wenn Sie zu den richtigen »Mondterminen« pflanzen, gießen und düngen, dann haben Sie vorbeugend schon eine ganze Menge getan.

Mond und Pflanzen

Bei zunehmendem Mond atmet die Erde aus und ist weniger aufnahmefähig. Die Lebenssäfte und mit ihnen auch die Nährstoffe der Pflanzen steigen während dieser Zeit nach oben. Das oberirdische Wachstum ist deshalb begünstigt. Bei abnehmendem Mond atmet die Erde ein und ist besonders aufnahmefähig. Die Säfte und Nährstoffe fließen nach unten, zu den Wurzeln. Das unterirdische Wachstum ist dann begünstigt.
Der Vollmond und der Neumond sind Höhe- und damit auch Wendepunkte in diesem Rhythmus. Die Einflüsse auf Erde und Pflanzen wirken zu diesen Zeiten besonders stark, und deshalb sind auch nur wenige Gartenarbeiten begünstigt.

Tierkreiszeichen und Pflanzen

Je nachdem, in welchem Tierkreiszeichen er gerade steht, beeinflusst der Mond auch gezielt die einzelnen Pflanzenteile. Beispielsweise werden Pflanzen, deren Fruchtbildung im Wurzelbereich stattfindet, an Wurzeltagen (Stier-, Jungfrau- und Steinbocktagen) gesät oder gesetzt. Nach dem gleichen Prinzip werden die Blatt-, Blüten- und Fruchtpflanzen behandelt.

Bäume pflanzen

Sehr günstig Bei zunehmendem Mond an einem Stiertag
Günstig Bei zunehmendem Mond an Jungfrau- und Steinbocktagen
Weniger günstig Bei abnehmendem Mond
Ungünstig Bei Neumond, an Krebstagen

Blattgemüse (außer Kohl und Kopfsalat) säen bzw. setzen

Sehr günstig Bei zunehmendem Mond an einem Fischetag
Günstig Bei zunehmendem Mond an Krebs- oder Skorpiontagen
Weniger günstig Bei abnehmendem Mond
Ungünstig Bei abnehmendem Mond an Widder-, Löwe-, Steinbocktagen

Blumen und Heilpflanzen säen bzw. setzen

Sehr günstig Bei zunehmendem Mond an einem Wassermanntag
Günstig Bei zunehmendem Mond an einem Zwillinge- oder Waagetag
Weniger günstig Bei abnehmendem Mond
Ungünstig Bei abnehmendem Mond an einem Stier-, Jungfrau- oder Wassermanntag

Boden hacken bzw. lockern

Sehr günstig An Jungfrautagen
Günstig An Stier- und Steinbocktagen
Weniger günstig Bei abnehmendem Mond an den Lufttagen
Ungünstig Bei abnehmendem Mond an allen Feuertagen

Boden umgraben im Frühjahr

Sehr günstig 1. bei zunehmendem Mond im Löwen; 2. bei abnehmendem Mond im Stein-

bock; 3. generell bei abnehmendem Mond
Günstig Bei abnehmendem Mond
Weniger günstig Bei zunehmendem Mond

Ernten und einlagern

Sehr günstig An Widdertagen
Günstig Bei aufsteigendem Mond (Schütze, Steinbock, Wassermann, Fische, Widder, Stier). An Fischetagen Geerntetes immer sofort verbrauchen, weil es erfahrungsgemäß sehr schnell faulen kann!
Weniger günstig Bei absteigendem Mond (Zwillinge, Krebs, Löwe, Jungfrau, Waage und Skorpion)
Ungünstig An Jungfrau- und Krebstagen nicht zu empfehlen

Fruchtgemüse säen bzw. setzen

Sehr günstig Bei zunehmendem Mond an einem Löwetag
Günstig Bei zunehmendem Mond an einem Widder- oder Schützetag
Weniger günstig Bei abnehmendem Mond
Ungünstig Bei abnehmendem Mond an einem Blatttag

Hecken roden bzw. auslichten

Sehr günstig Bei abnehmendem Mond an einem Steinbocktag
Günstig Bei abnehmendem Mond an Stier- und Jungfrautagen
Weniger günstig Bei zunehmendem Mond
Ungünstig Bei zunehmendem Mond an Löwe- und Schützetagen

Hecken schneiden

Sehr günstig Bei abnehmendem Mond
Günstig Bei absteigendem Mond (Zwillinge, Krebs, Löwe, Jungfrau, Waage, Skorpion)
Weniger günstig Bei aufsteigendem Mond (Schütze, Steinbock, Wassermann, Fische, Widder, Stier)
Ungünstig Bei zunehmendem Mond

Jungpflanzen setzen

Sehr günstig Bei abnehmendem Mond an allen Wurzeltagen
Günstig Bei abnehmendem Mond an Blatt- und Fruchttagen
Weniger günstig Bei zunehmendem Mond
Ungünstig An den Wassermanntagen nicht zu empfehlen

Kartoffeln ernten

Sehr günstig An Stier- und Steinbocktagen
Günstig An Jungfrautagen (allerdings zum baldigen Verzehr!)
Weniger günstig Bei zunehmendem Mond
Ungünstig Bei zunehmendem Mond an allen Krebstagen

Kartoffeln häufeln

Sehr günstig Bei zunehmendem Mond an den Wurzeltagen
Günstig Bei zunehmendem Mond an allen Blütentagen
Weniger günstig Bei abnehmendem Mond
Ungünstig Bei abnehmendem Mond an allen Löwetagen

Kellerregale und Obsthorden reinigen

Sehr günstig Bei abnehmendem Mond an den Blütentagen
Günstig Bei abnehmendem Mond
Weniger günstig Bei abnehmendem Mond an den Blatttagen
Ungünstig Bei zunehmendem Mond

Kohl und Kopfsalat säen bzw. pflanzen

Sehr günstig Bei abnehmendem Mond an einem Krebstag
Günstig Bei abnehmendem Mond an einem Skorpion- oder Fischetag
Weniger günstig Bei zunehmendem Mond
Ungünstig Bei zunehmendem Mond an einem Zwillinge-, Waage- oder Jungfrautag

Komposthaufen ansetzen

Sehr günstig Bei abnehmendem Mond an einem Jungfrautag
Günstig Bei abnehmendem Mond an Erd- oder Wassertagen
Weniger günstig An Feuertagen
Ungünstig Bei zunehmendem Mond an allen Feuertagen

Komposthaufen feststampfen

Sehr günstig Bei zunehmendem Mond an den Erdtagen
Günstig Bei zunehmendem Mond an allen Wassertagen
Weniger günstig Bei abnehmendem Mond

Laubbäume aussäen

Sehr günstig Bei zunehmendem Mond an Jungfrau- oder Fischetagen
Günstig Bei absteigendem Mond (Zwillinge, Krebs, Löwe, Jungfrau, Waage, Skorpion)
Weniger günstig Bei abnehmendem Mond
Ungünstig Bei abnehmendem Mond an Widder-, Stier-, Schütze-, Steinbock- und Wassermanntagen

Nadelbäume aussäen

Sehr günstig Bei zunehmendem Mond an den Steinbocktagen
Günstig Bei absteigendem Mond (Zwillinge, Krebs, Löwe, Jungfrau, Waage, Skorpion)
Weniger günstig Bei abnehmendem Mond
Ungünstig Bei abnehmendem Mond an den Widder-, Stier-, Schütze-, Fische- und Wassermanntagen

Obstbäume bzw. Beerensträucher pflanzen

Sehr günstig Bei zunehmendem Mond an einem Löwetag
Günstig Bei zunehmendem Mond an einem Widder- oder Schützetag
Weniger günstig Bei abnehmendem Mond
Ungünstig Bei abnehmendem Mond an einem Blatttag

Obstgehölze schneiden

Sehr günstig Bei abnehmendem Mond an einem Fruchttag immer höchst erfolgversprechend
Günstig Bei absteigendem Mond (Zwillinge, Krebs, Löwe, Jungfrau, Waage, Skorpion)
Weniger günstig Bei zunehmendem Mond an einem Blatttag
Ungünstig Bei Vollmond im Krebs

Obstgehölze veredeln

Sehr günstig Bei zunehmendem Mond (nahe dem Vollmond) an einem Fruchttag
Günstig Bei aufsteigendem Mond (Schütze, Steinbock, Wassermann, Fische, Widder und Stier)
Weniger günstig Bei abnehmendem Mond

Pflanzen (über der Erdoberfläche gedeihende) säen bzw. setzen

Sehr günstig Bei zunehmendem Mond
Günstig Bei aufsteigendem Mond (Schütze,

Steinbock, Wassermann, Fische, Widder und Stier)
Weniger günstig Bei absteigendem Mond (Zwillinge, Krebs, Löwe, Jungfrau, Waage und Skorpion)
Ungünstig Bei abnehmendem Mond

Pflanzen (unter der Erdoberfläche gedeihende) säen bzw. setzen

Sehr günstig Bei abnehmendem Mond
Günstig Bei absteigendem Mond (Zwillinge, Krebs, Löwe, Jungfrau, Waage, Skorpion)
Weniger günstig Bei aufsteigendem Mond (Schütze, Steinbock, Wassermann, Fische, Widder, Stier)
Ungünstig Bei zunehmendem Mond

Pflanzen düngen

Sehr günstig Bei Vollmond
Günstig Bei abnehmendem Mond – Blumen an einem Blatttag, Obst und Gemüse an Widder- und Schützetagen
Weniger günstig An Löwetagen (vor allem keinen Kunstdünger verwenden!)
Ungünstig Bei zunehmendem Mond

Pflanzen mit schwacher Wurzelbildung zwischendüngen

Sehr günstig Bei abnehmendem Mond an einem Stiertag
Günstig Bei abnehmendem Mond an Jungfrau- und Steinbocktagen
Weniger günstig Bei zunehmendem Mond
Ungünstig Bei zunehmendem Mond an allen Blütentagen

Pflanzen gießen bzw. wässern

Sehr günstig An einem Blatttag
Günstig An einem Wurzeltag
Weniger günstig An einem Fruchttag
Ungünstig An einem Blütentag

Pflanzen umsetzen bzw. umtopfen

Sehr günstig An einem Jungfrautag, im Frühjahr bei zunehmendem und im Herbst bei abnehmendem Mond
Günstig Bei absteigendem Mond (Zwillinge, Krebs, Löwe, Jungfrau, Waage, Skorpion)
Weniger günstig Bei aufsteigendem Mond (Schütze, Steinbock, Wassermann, Fische, Widder, Stier)

Pflanzen zurückschneiden (bei Schädlingsbefall oder Krankheit)

Sehr günstig Bei Neumond
Günstig Bei abnehmendem Mond kurz vor Neumond
Weniger günstig Bei zunehmendem Mond
Ungünstig Bei Vollmond

Rankende Gewächse pflanzen

Sehr günstig Bei zunehmendem Mond an den Zwillingetagen
Weniger günstig Bei abnehmendem Mond
Ungünstig Bei abnehmendem Mond an den Wurzeltagen

Rasen säen

Sehr günstig Bei zunehmendem Mond an Löwe- oder Jungfrautagen
Günstig Bei zunehmendem Mond
Weniger günstig Bei abnehmendem Mond

Rasen mähen

Sehr günstig Bei zunehmendem Mond an den Krebstagen
Günstig Bei zunehmendem Mond an Skorpion- und Fischetagen

Weniger günstig Bei abnehmendem Mond
Ungünstig Bei abnehmendem Mond an Löwe- und Schützetagen

Schädlinge bekämpfen

Sehr günstig Bei abnehmendem Mond – unterirdische Schädlinge an den Wurzeltagen, oberirdische Schädlinge an den Krebs-, Zwillinge- und Schützetagen
Günstig Bei abnehmendem Mond
Weniger günstig Bei zunehmendem Mond nicht besonders erfolgreich

Schnecken bekämpfen

Sehr günstig Bei abnehmendem Mond an einem Skorpiontag
Günstig Bei abnehmendem Mond in Krebs oder Fische
Weniger günstig Bei zunehmendem Mond
Ungünstig Bei zunehmendem Mond an allen Löwetagen

Stecklinge setzen

Sehr günstig Bei abnehmendem Mond an Jungfrautagen
Weniger günstig Bei zunehmendem Mond
Ungünstig Bei zunehmendem Mond an Löwe- und Schützetagen

Unkraut jäten

Günstig Bei abnehmendem Mond im Steinbock, aber auch bei zunehmendem Mond im Wassermann
Weniger günstig Bei zunehmendem Mond
Ungünstig Bei zunehmendem Mond an Löwe- und Schützetagen

Vermehrung durch Stecklinge

Sehr günstig Im Frühjahr immer bei zunehmendem Mond und im Herbst bei abnehmendem Mond am erfolgreichsten
Günstig Bei absteigendem Mond (Zwillinge, Krebs, Löwe, Jungfrau, Waage, Skorpion)
Weniger günstig Bei aufsteigendem Mond (Schütze, Steinbock, Wassermann, Fische, Widder, Stier)
Ungünstig Im Frühjahr bei abnehmendem Mond, im Herbst bei zunehmendem Mond

Wurzelgemüse säen bzw. setzen

Sehr günstig Bei abnehmendem Mond an einem Jungfrautag; Kartoffeln kurz nach Vollmond setzen
Günstig Bei abnehmendem Mond an einem Stier- oder Steinbocktag
Weniger günstig Bei zunehmendem Mond
Ungünstig Bei zunehmendem Mond an einem Widder-, Löwe- oder Stiertag

Wurzelgemüse einlagern

Sehr günstig An einem Stiertag
Günstig Bei aufsteigendem Mond (Schütze, Steinbock, Wassermann, Fische, Widder und Stier)
Weniger günstig Bei absteigendem Mond (Zwillinge, Krebs, Löwe, Jungfrau, Waage und Skorpion)
Ungünstig An Jungfrau- und Krebstagen kaum erfolgversprechend

Die Holzverarbeitung

In der Regel kauft man heutzutage das Holz beim Händler, der es schon zur Weiterverwertung aufbereitet hat. Doch wenn Sie die Möglichkeit haben, den Zeitpunkt des Holzeinschlags zu erfahren, nutzen Sie dies und richten Ihre Auswahl danach. Denn für das Einschlagen von Holz gibt es eine Menge Regeln, die die beabsichtigte Verwendung optimal berücksichtigen.

Ob es für Möbel oder für einen Boden gebraucht wird, ob daraus ein Steg oder ein Zaun gebaut werden soll oder ob es einfach für den Kamin eingeschlagen wird – über Generationen hinweg haben sich die Erfahrungen mit Holz zu unseren heutigen Mondregeln für den Holzeinschlag entwickelt. Denn je nach Verarbeitung muss das Holz sehr trocken sein, es darf nicht faulen, muss hart sein, sollte gut brennen oder soll ganz schwer entflammbar sein. Auch dem Holzwurmbefall kann man mit dem Zeitpunkt des Holzeinschlags vorbeugen.
Grundsätzlich ist der Winter die beste Zeit, Holz zu fällen, denn dann sind die Säfte »abgestiegen«, und das Holz arbeitet weniger. Die Mondphasen sind ebenfalls wichtig – vor allem die Nähe zum Vollmond oder zum Neumond spielt eine entscheidende Rolle.
Und wenn Sie sich über so konkrete Datumsangaben wundern – seit Jahrhunderten werden diese Regeln erfolgreich angewendet.

Bauholz einschlagen

Sehr günstig Bei zunehmendem Mond in den Fischen
Weniger günstig Bei abnehmendem Mond im Löwen

Bäume fällen

Sehr günstig Immer bei abnehmendem Mond im Winter
Günstig Am 3. April, 22. Juni und 30. Juli
Weniger günstig Bei zunehmendem Mond

Brennholz einschlagen

Sehr günstig Im Oktober an den ersten sieben Tagen nach Neumond
Günstig Nach dem 21. Dezember bei abnehmendem Mond
Weniger günstig Bei zunehmendem Mond an den Wassertagen

Christbäume einschlagen

Sehr günstig Drei Tage vor dem elften Vollmond im Kalenderjahr
Günstig Bei zunehmendem Mond
Weniger günstig Bei abnehmendem Mond nicht empfehlenswert

Dielenholz einschlagen

Sehr günstig Kurz nach Vollmond an einem Stiertag
Günstig An Skorpiontagen im August

Holz einschlagen, das nicht fault

Sehr günstig Im März, wenn der abnehmende Mond in den Fischen steht
Günstig Am 1., 7., 25. und 31. Januar, 1. und 2. Februar
Weniger günstig Bei zunehmendem Mond

Holz einschlagen, das nicht schwindet

Sehr günstig Am 21. Dezember zwischen 11 und 12 Uhr
Günstig Bei abnehmendem Mond
Weniger günstig Bei zunehmendem Mond

Holz einschlagen, das reißfest ist

Sehr günstig Kurz vor Novemberneumond besonders zu empfehlen
Günstig Bei Neumond im Krebs
Weniger günstig Bei zunehmendem Mond an einem Löwetag

Holz einschlagen, das schwer brennt

Sehr günstig Am 1. März nach dem Sonnenuntergang
Günstig Bei Neumond in der Waage, zwei Tage vor dem Märzneumond, ein Tag vor dem Dezemberneumond
Weniger günstig Bei zunehmendem Mond

Holz für den Wasserbau einschlagen

Sehr günstig Bei abnehmendem Mond an einem Krebs- oder Fischetag
Günstig Bei abnehmendem Mond an einem Skorpiontag
Weniger günstig Bei zunehmendem Mond an einem Löwetag

Holztüren und -fenster bauen

Sehr günstig Bei abnehmendem Mond im Steinbock. Das Holz arbeitet nicht; Türen und Fenster schließen gut, quellen nicht auf.
Günstig Bei abnehmendem Mond, aber nicht an Löwe-, Schütze- und Krebstagen
Ungünstig Bei zunehmendem Mond in Löwe, Schütze und Krebs

Möbelholz einschlagen

Sehr günstig Nach dem Dezemberneumond an Wassermann- und Fischetagen
Günstig Bei Neumond im Skorpion (das Holz aber sofort entrinden!)
Weniger günstig Bei zunehmendem Mond kurz vor Vollmond

Landwirtschaft und Viehhaltung

Das Vordringen von Technik und Chemie in Ackerbau und Viehzucht konnte glücklicherweise nicht überall die wertvollen Erfahrungen der Bauern im Umgang mit der Natur verdrängen. Gerade in diesem Bereich, der für die Menschheit im wahrsten Sinne des Wortes überlebensnotwendig ist, hat die Beobachtung der Mondimpulse schon seit Urzeiten Bedeutung.

Und auch heute sind diese Erkenntnisse in Anbetracht wachsender Ansprüche bezüglich biologischer Hochwertigkeit und ökologischer Verträglichkeit wieder topaktuell.
Die Regeln, wie man unter Berücksichtigung der Mondeinflüsse Aussaat, Pflanzenpflege und Ernte vornimmt, sind für die Tätigkeiten im Garten und die Arbeiten auf dem Feld grundsätzlich die gleichen.

Dünger oder Mist ausbringen

Sehr günstig Bei abnehmendem Mond an Widder-, Stier-, Jungfrau-, Schütze- und Steinbocktagen
Günstig Bei abnehmendem Mond an den Löwetagen (während dieser Zeit vor allem keinen Kunstdünger verwenden!)
Ungünstig Bei zunehmendem Mond

Getreide anbauen

Sehr günstig Bei zunehmendem Mond an den Widdertagen
Günstig Bei zunehmendem Mond an Löwe- und Schützetagen
Weniger günstig Bei abnehmendem Mond

Ungünstig Bei abnehmendem Mond an allen Blatttagen

Getreide düngen

Sehr günstig Bei Vollmond
Günstig Bei abnehmendem Mond an Widder- und Schützetagen
Weniger günstig An Löwetagen (jetzt vor allem keinen Kunstdünger verwenden!)
Ungünstig Bei zunehmendem Mond kaum erfolgversprechend

Getreide ernten und einlagern

Sehr günstig Bei abnehmendem Mond an Fruchttagen (Widder, Löwe, Schütze)
Günstig Bei abnehmendem Mond
Weniger günstig Bei zunehmendem Mond
Ungünstig Bei zunehmendem Mond an allen Blatttagen

Gülle oder Jauche ausbringen

Sehr günstig Bei Vollmond
Günstig Bei abnehmendem Mond
Ungünstig Bei zunehmendem Mond

Heustock ansetzen

Sehr günstig Bei abnehmendem Mond an den Blütentagen
Günstig Bei abnehmendem Mond
Ungünstig Bei zunehmendem Mond an allen Blatttagen

Huf-, Klauen- und Krallenpflege durchführen

Sehr günstig Bei abnehmendem Mond an den Stier-, Widder- und Steinbocktagen

Jungtiere entwöhnen

Sehr günstig Bei zunehmendem Mond beginnen und schließlich am Vollmondtag zum letzten Mal trinken lassen!
Weniger günstig Bei Vollmond in Krebs, Löwe und Jungfrau

Lagerstreu einbringen

Sehr günstig Bei abnehmendem Mond
Günstig Bei aufsteigendem Mond (Schütze, Steinbock, Wassermann, Fische, Widder und Stier)
Weniger günstig Bei absteigendem Mond (Zwillinge, Krebs, Löwe, Jungfrau, Waage und Skorpion)
Ungünstig Bei zunehmendem Mond

Stall neu beziehen

Sehr günstig Bei aufsteigendem Mond (Schütze, Steinbock, Wassermann, Fische, Widder, Stier), aber nicht an Dienstagen, Donnerstagen und Sonntagen
Ungünstig Bei absteigendem Mond (Zwillinge, Krebs, Löwe, Jungfrau, Waage, Skorpion), besonders aber an Dienstagen, Donnerstagen und Sonntagen

Stall reinigen

Sehr günstig Bei abnehmendem Mond an Blütentagen empfehlenswert
Günstig Bei absteigendem Mond (Zwillinge, Krebs, Löwe, Jungfrau, Waage, Skorpion)
Weniger günstig Bei aufsteigendem Mond (Schütze, Steinbock, Wassermann, Fische, Widder, Stier)
Ungünstig Bei zunehmendem Mond kaum erfolgversprechend

Viehaustrieb auf die Weide

Sehr günstig An Waagetagen, außer, wenn sie auf einen Dienstag oder Donnerstag fallen

Günstig Bei absteigendem Mond (Zwillinge, Krebs, Löwe, Jungfrau, Waage, Skorpion), aber nicht am Dienstag oder Donnerstag
Weniger günstig Bei aufsteigendem Mond (Schütze, Steinbock, Wassermann, Fische, Widder, Stier)
Ungünstig An Dienstagen oder Donnerstagen nicht zu empfehlen

Viehabtrieb von der Weide

Sehr günstig Bei zunehmendem Mond
Weniger günstig Bei abnehmendem Mond

Vieh schlachten

Sehr günstig Bei Vollmond
Günstig Bei zunehmendem Mond
Ungünstig Bei abnehmendem Mond

Das Wissen der Bauern — Info

Wenn man sich mit »Mondregeln« befasst, muss man sich immer vor Augen halten, dass die ersten und auch die allermeisten Erkenntnisse über die Einflüsse des Mondes auf unsere Erde natürlich von den Bauern stammen.
Gerade im Bereich des Ackerbaus und der Viehzucht war es schon immer von besonders großer Bedeutung, auf die verschiedenen Einflüsse der Natur genauestens zu achten, um durch reiche Ernten und gesundes Vieh das Überleben zu sichern. So wurden die Mondeinflüsse über lange Zeiträume verfolgt und auf ihre Wirksamkeit hin überprüft.
Dieser Wissensschatz wurde vor allem in der Toskana und in Tirol über viele Generationen hinweg bewahrt.

Beruf und Karriere

Beruf und Karriere haben auf den ersten Blick wenig mit irgendwelchen Himmelsereignissen zu tun. Doch sie haben etwas mit uns selbst zu tun, mit unserem Charakter, unserer Einstellung zum Beruf und zur Arbeit allgemein, mit unserem Willen, vorwärts zu kommen, oder unserer Trägheit.

Wir wissen, dass der Mond die Natur und das Leben beeinflusst, dass im Verlauf seines Erdumlaufs unterschiedliche Energien wirken. Diese Energien haben letztlich auch gewisse Auswirkungen auf unsere berufliche Entwicklung: Einige unserer ganz persönlichen Charaktereigenschaften können nämlich verstärkt und unterstützt, andere eher abgeschwächt werden.
So werden häufig besonders bei Neumond berufliche Angelegenheiten erfolgreich abgeschlossen. Auch ein absoluter Neubeginn oder der Vorstoß in Neuland ist jetzt begünstigt. Bei zunehmendem Mond können vor allem gut schwierige Verhandlungen geführt sowie Projekte geplant und vorbereitet werden. Der Vollmond ist keine gute Zeit für geschäftliche Aktivitäten, man sollte jetzt vor allem keine riskanten Transaktionen tätigen. Der abnehmende Mond ist wiederum eine besonders geeignete Phase, um leistungsstark ans Werk zu gehen.
Aber auch hier gilt, dass wir Arbeiten, die erledigt werden müssen, natürlich nicht wegen des Mondes verschieben können. Doch Sie sollten einmal darauf achten, wie z. B. Verhandlungen zu den verschiedenen Zeitpunkten und Konstellationen verlaufen. Vielleicht bemerken Sie an sich selbst bestimmte Verhaltensweisen,

die mal mehr und mal weniger stark ausgeprägt sind. Möglicherweise erkennen Sie eine Regelmäßigkeit darin, dass Sie in Verhandlungen manchmal ungeduldiger sind, manchmal kompromissbereiter. Vielleicht lohnt es sich ja, bei der Planung eines wichtigen Termins einen Blick in Ihren Mondkalender zu werfen!

Anschaffungen, größere

Sehr günstig An Stiertagen ganz besonders zu empfehlen
Günstig Bei abnehmendem Mond, kurz vor Neumond
Weniger günstig Bei Vollmond

Arbeiten, die sehr viel Feingefühl erfordern

Sehr günstig Bei abnehmendem Mond an einem Waagetag
Günstig Bei abnehmendem Mond in Krebs und Wassermann
Weniger günstig Bei zunehmendem Mond in der Jungfrau

Arbeiten, die sehr viel Körperkraft erfordern

Sehr günstig Bei abnehmendem Mond, nachmittags zwischen 14 und 18.30 Uhr besonders erfolgversprechend
Günstig Bei abnehmendem Mond
Weniger günstig Bei zunehmendem Mond
Ungünstig Bei Neumond überhaupt nicht erfolgversprechend

Behördengänge

Sehr günstig Bei abnehmendem Mond an Jungfrau- und Steinbocktagen
Günstig An Jungfrau- und Steinbocktagen
Weniger günstig Bei Vollmond

Besprechungen

Sehr günstig Bei zunehmendem Mond in Widder, Zwillinge, Jungfrau, Skorpion
Günstig Bei zunehmendem Mond
Weniger günstig Bei abnehmendem Mond

Bewerbungen, Vorstellungsgespräche

Sehr günstig Bei abnehmendem Mond, wenige Tage nach Vollmond
Günstig Bei abnehmendem Mond
Weniger günstig Bei zunehmendem Mond

Budgetplanungen

Günstig Bei zunehmendem Mond
Weniger günstig Bei abnehmendem Mond

Geldangelegenheiten regeln

Sehr günstig Bei zunehmendem Mond an einem Erdtag
Günstig An einem Erdtag
Weniger günstig Bei abnehmendem Mond
Ungünstig Bei Vollmond

Geschäftsbeziehungen ausbauen

Sehr günstig Bei abnehmendem Mond an Zwillinge-, Steinbock- und Wassermanntagen
Günstig An Zwillinge-, Steinbock- und Wassermanntagen

Geschäftsreise planen

Sehr günstig Bei zunehmendem Mond an Jungfrau- und Steinbocktagen
Günstig An Jungfrau- und Steinbocktagen
Weniger günstig Bei abnehmendem Mond

Geschäftsreise antreten

Sehr günstig Bei abnehmendem Mond in Widder, Zwillinge, Schütze, Wassermann

Günstig An Widder-, Zwillinge-, Schütze- und Wassermanntagen
Weniger günstig Bei zunehmendem Mond in Krebs, Steinbock, Fische

Kommunikationsfähigkeit

Sehr günstig An Zwillinge-, Löwe- und Wassermanntagen
Günstig An Waage-, Widder- und Krebstagen
Weniger günstig An Stier-, Fische- und Steinbocktagen

Korrespondenz erledigen

Sehr günstig Bei abnehmendem Mond in Zwillinge, Jungfrau, Skorpion
Günstig An Zwillinge-, Jungfrau- und Skorpiontagen
Weniger günstig Bei zunehmendem Mond in Krebs, Schütze, Fische

Kreativität (allgemein)

Sehr günstig Bei abnehmendem Mond an Löwe-, Waage-, Wassermann- und Fischetagen
Günstig An Löwe-, Waage-, Wassermann- und Fischetagen
Weniger günstig An Widder-, Jungfrautagen

Lernen

Sehr günstig Bei zunehmendem Mond in den Zwillingen, im Löwen, in der Jungfrau und im Wassermann
Günstig An Zwillinge-, Löwe-, Jungfrau- und Wassermanntagen
Weniger günstig Bei abnehmendem Mond in Krebs und Fische

Projektplanungen

Sehr günstig Bei zunehmendem Mond an Skorpion-, Steinbock- und Wassermanntagen
Günstig An Skorpion-, Steinbock- und Wassermanntagen
Weniger günstig Bei abnehmendem Mond in Krebs, Waage und Fische

Rechtsangelegenheiten regeln

Sehr günstig Bei abnehmendem Mond im Schützen
Günstig An Schütze-, Zwillinge- und Jungfrautagen
Weniger günstig Bei zunehmendem Mond in den Fischen

Verhandlungen

Sehr günstig Bei zunehmendem Mond in Widder, Schütze, Wassermann
Günstig An Widder-, Schütze- und Wassermanntagen
Weniger günstig Bei abnehmendem Mond an Krebs- oder Fischetagen

Versteigerungen besuchen

Sehr günstig Bei Neumond
Günstig Bei zunehmendem Mond in Widder, Krebs, Waage oder Steinbock
Weniger günstig Bei abnehmendem Mond

Verträge abschließen

Sehr günstig Bei zunehmendem Mond
Weniger günstig Bei abnehmendem Mond

Werbeangelegenheiten

Sehr günstig Bei abnehmendem Mond, vor allem aber an den Zwillinge-, Wassermann- und Skorpiontagen
Weniger günstig Bei zunehmendem Mond

Freizeit und Erholung

Freizeit ist ein wichtiger Bereich im Leben. Hier erholen wir uns von den Anstrengungen des Berufes und anderer Verpflichtungen. Es ist wichtig, sich diese Zeit zu nehmen, in der man sich regenerieren und wieder auftanken kann.

Auf welche Weise dies geschieht, ist individuell verschieden. Diese unterschiedlichen Bedürfnisse hängen vom Typ ab – und natürlich auch von äußeren Gegebenheiten, wie beispielsweise Wetter oder Jahreszeit.
Doch gerade wenn man ein Fest oder einen Ausflug plant, sollte man einen Blick in den Mondkalender werfen, denn dieser kann Entscheidungshilfe leisten.

Witterung und Gemüt

Für einen Ausflug z. B. ist die auch vom Tierkreiszeichen des betreffenden Tages beeinflusste Witterung zu beachten. Fällt der geplante Ausflug auf einen Kältetag, sollte man keinesfalls warme Kleidung vergessen. Wärmetage hingegen sind dafür sehr günstig, auch wenn an Löwetagen erfahrungsgemäß häufig Gewitterneigung herrscht und deshalb ein Regenschutz ins Gepäck gehört.
Für Unternehmungen wie Kinobesuche oder Abende im Freundeskreis ist die Wirkung des jeweiligen Tierkreiszeichens auf die Tagesstimmung interessanter. Diese gibt Anhaltspunkte, wie man sich unter Umständen fühlen und verhalten wird. Solche Einflüsse sind in aller Regel aber nicht unmittelbar zu spüren. Man kann eher sagen, dass sie vorhandene Neigungen leicht in eine bestimmte Richtung lenken. Versuchen Sie einmal, darauf zu achten!

Der geistig-seelische Zyklus

Der Mond befindet sich bekanntlich immer nur zwei bis drei Tage in einem der Tierkreiszeichen, so können sich deren Energien in diesem Zusammenhang nicht allzu stark entwickeln. Spürbarer ist dagegen schon der Einfluss der Mondphasen. Der ca. 27-tägige Lauf des Mondes um die Erde, eingeteilt in vier wiederkehrende Abschnitte, ist ein fester Lebensrhythmus und kann deshalb auch mit den Jahreszeiten verglichen werden.
Beginnend mit dem Neumond, stehen die ersten sieben Tage des Zyklus für den Frühling. Wir bekommen jetzt frische Energie, sind ziemlich kontaktfreudig und können uns endlich dazu aufraffen, lange vor uns Hergeschobenes in Angriff zu nehmen. Pläne werden gemacht, Ausflüge oder Feste organisiert. Bei weiter zunehmendem Mond kann diese Ener-

Ohne Gewähr! Info

Pferderennen Wen die Welt der schnellen Galopper oder edlen Traber magisch anzieht und wer es sich auch nicht nehmen lassen will, hin und wieder sein Glück am Wettschalter zu versuchen – der sollte dafür nach Möglichkeit einen Schützetag wählen.
Glücksspiel Seien wir uns ehrlich: Wer meint, auf diese Weise sein Glück zu machen, hat in aller Regel schon verloren, bevor die Karten ausgeteilt sind oder die Kugel rollt. Das weiß zumindest die Statistik! Dennoch heißt es, dass für dieses Wagnis die Sterne bzw. der Mond an Steinbock- und Wassermanntagen am günstigsten stünden.

gie schließlich auch in sehr nervöse Umtriebigkeit umschlagen.

Die zweiten sieben Tage des Mondzyklus können dem Sommer gleichgesetzt werden. Die Energie ist noch vorhanden, wir können noch viel schaffen, werden aber langsam ineffektiver. Zwei Tage vor Vollmond wird es dann leicht kritisch. Die Menschen sind unruhiger, reizbarer. Wer dies weiß, kann versuchen, dem entgegenzuwirken, indem er auf Provokation bewusst gelassen reagiert und somit eventuell Streit verhindert.

Sobald die Phase des Vollmonds vorüber ist, beruhigen sich die Menschen langsam wieder. Vergleichbar mit den Herbstphänomenen in der Natur, kann jetzt all das, was im ersten Quartal begonnen wurde, endlich zur Reife gelangen. Das bedeutet: Pläne werden ausgeführt, Feste gefeiert, Kontakte gepflegt ...

Die letzten sieben Tage stehen für den Winter, für das Kräfteschonen vor dem Neubeginn. Es ist Zeit, sich zurückzuziehen, zur Ruhe zu kommen und sich auf den nahenden Neuanfang vorzubereiten.

Ausflüge

Sehr günstig Bei abnehmendem Mond an Widder-, Stier-, Jungfrau- und Schützetagen

Günstig An Widder-, Stier-, Jungfrau- und Schützetagen

Weniger günstig An allen Skorpion- und Steinbocktagen

Ausruhen

Sehr günstig Bei zunehmendem Mond an Krebstagen

Günstig Bei zunehmendem Mond

Weniger günstig Bei abnehmendem Mond an Feuertagen

Bekanntschaften pflegen

Sehr günstig An Zwillinge-, Krebs-, Wassermann- und Waagetagen

Weniger günstig An Erdtagen

Briefe schreiben

Sehr günstig Bei abnehmendem Mond in Zwillinge, Jungfrau, Skorpion

Günstig An Zwillinge-, Jungfrau- und Skorpiontagen

Weniger günstig Bei zunehmendem Mond in Krebs, Schütze, Fische

Einkäufe

Sehr günstig Bei zunehmendem Mond in Stier, Jungfrau, Skorpion (vor allem Kleidung)

Günstig An Stier-, Jungfrau- und Skorpiontagen (vor allem Kleidung)

Weniger günstig An Krebs-, Wassermann- und Fischetagen

Essen zu zweit

Sehr günstig Bei abnehmendem Mond an Krebs- und Fischetagen

Günstig An Stier- und Wassermanntagen

Weniger günstig An Widdertagen, weil da erfahrungsgemäß schnell die Stimmung umschlagen kann

Familienbesuche

Sehr günstig An Krebs-, Löwe-, Fischetagen besonders zu empfehlen

Feste, Partys

Sehr günstig Bei abnehmendem Mond an Lufttagen und Löwetagen

Günstig An Lufttagen und Löwetagen

Weniger günstig An allen Krebs- und Steinbocktagen

Filme anschauen

Sehr günstig An Fischetagen
Günstig An Lufttagen und Widdertagen

Kochen

Sehr günstig Bei abnehmendem Mond an Krebs-, Waage- und Fischetagen
Günstig An Krebs-, Waage- und Fischetagen
Weniger günstig Bei zunehmendem Mond an den Feuertagen

Konzert- und Opernbesuche

Sehr günstig An Löwe-, Waage- und Wassermanntagen

Kunstgewerbliche Tätigkeiten

Sehr günstig Bei abnehmendem Mond an den Stier-, Krebs- und Wassermanntagen
Günstig An allen Stier-, Krebs- und Wassermanntagen
Weniger günstig An Steinbocktagen

Mode (Beschäftigung mit)

Sehr günstig An den Waage-, Skorpion- und Wassermanntagen

Museums- und Galeriebesuche

Sehr günstig Bei zunehmendem Mond an Löwe-, Waage-, Wassermanntagen
Günstig An Löwe-, Waage-, Wassermanntagen
Weniger günstig An den Wassertagen kaum zu empfehlen

Reise planen

Sehr günstig Bei zunehmendem Mond an Jungfrau- und Steinbocktagen
Günstig An Jungfrau- und Steinbocktagen
Weniger günstig Bei abnehmendem Mond weniger erfolgversprechend

Reise antreten

Sehr günstig Bei abnehmendem Mond in Widder, Zwillinge, Schütze, Wassermann
Günstig An Widder-, Zwillinge-, Schütze- und Wassermanntagen
Weniger günstig Bei zunehmendem Mond in Krebs, Steinbock, Fische

Spaziergänge

Sehr günstig An allen Widder-, Krebs- und Schützetagen

Sport treiben

Sehr günstig Bei abnehmendem Mond in Widder, Schütze, Fische (Schwimmen)
Weniger günstig Bei Neumond

Tanzen gehen

Sehr günstig Bei abnehmendem Mond an den Widdertagen
Günstig An allen Löwe-, Waage- und Wassermanntagen
Weniger günstig An allen Krebs- und Steinbocktagen

Theaterbesuche

Sehr günstig An Zwillinge- und Steinbocktagen besonders empfehlenswert
Günstig An Widder-, Waage- und Wassermanntagen
Weniger günstig An Krebstagen

Träumen, meditieren

Sehr günstig Bei zunehmendem Mond an den Wassertagen in aller Regel besonders bereichernd
Günstig An Wassertagen
Weniger günstig Bei abnehmendem Mond an Widder-, Löwe- und Stiertagen

Freundschaft, Liebe und Partnerschaft

Eines ist sicher: Das Gelingen oder Scheitern einer Freund- bzw. Partnerschaft hat wenig mit dem Mond zu tun. Es geht hier vor allem um die Ansprüche und Gefühle zweier Menschen, die miteinander zurechtkommen wollen. Aber da der Mond auf jeden Einzelnen wirkt, überträgt sich diese Wirkung auch auf unsere Beziehungen. Dieser Einfluss ist unabhängig von den Mondphasen, er gründet sich hauptsächlich auf die Impulse der Tierkreiszeichen.

Die folgende Aufstellung zeigt, was von den Tierkreiszeichen begünstigt wird bzw. mit welchen Stimmungen an den jeweiligen Tagen zu rechnen ist. Danach sollten Sie Ihren Umgang mit den anderen nicht gerade planen, doch Sie können sich mit diesem Wissen auf manches besser einstellen. Es gibt beispielsweise Tage mit einer besonders aggressiven Atmosphäre – da ist es dann eher ratsam, keine heiklen Themen klären zu wollen. Sie nutzen besser einen Tag mit harmonischer Grundstimmung, um Streit zu beenden.

Bekanntschaften schließen

Günstig An Widder-, Zwillinge-, Waage- und Schützetagen

Flirten und erobern

Günstig An Widder- und Löwetagen

Freundschaft festigen

Günstig An Zwillinge-, Waage- und Wassermanntagen

Heiraten

Günstig An Stiertagen

Streitigkeiten schlichten

Günstig An Schütze- und Steinbocktagen

Zukunftspläne schmieden

Günstig An Stier-, Schütze- und Wassermanntagen

Gereizte Stimmung

An Widder-, Jungfrau-, Skorpion- und Wassermanntagen

Harmonische Stimmung

An Stier-, Waage- und Fischetagen

Leidenschaftliche Stimmung

An Widder- und Löwetagen

Melancholische Stimmung

An Steinbocktagen

Romantische Stimmung

An Löwe- und Waagetagen

Sinnliche Stimmung

An Stier- und Skorpiontagen

Starke Gefühle

An Krebs- und Fischetagen

Zärtlichkeit

An Krebs-, Löwe- und Fischetagen

Zurückhaltung

An Steinbock- und Jungfrautagen

Serpentarius
Capricornus
ÆSTUS MA
Libra
Lupus
Ara
Corona Austr.
Sagittarius
Capricornus
Indus
Pavo
Grus
Piscis Austr.
Triang. Austr.
Musca
Apus
Toucan
Crux
Æquin oct
Phœnix
orum
Co lur Centaurus
Robur Carolin.
Corvus
Hydrus
Dorado
Tropicus
Hydra
Capricorni
Eridanus
Argo Navis
Columba
Lepus
Cetus
Canis Major
Leo
Æqu a
for
Aries
Monoceros
Taurus
Canis Minor
Cancer
Gemini
Orion
PH. L
ANNUUS

Mondphasen und Tierkreiszeichen

Während er die Erde umläuft, geht der wechselnde Mond für jeweils zwei bis drei Tage durch ein Zeichen des Tierkreises. Wie wir wissen, verleihen diese Zeichen der Mondkraft eine bestimmte Qualität. Diese Qualität kann unterschiedlich sein – je nachdem, in welcher Phase sich der Mond während des Durchgangs gerade befindet. Manche Wirkungen werden dennoch hauptsächlich durch das Tierkreiszeichen hervorgerufen.

Geht man von den vier Mondphasen aus, ergeben sich während eines Kalenderjahres aufgrund der 12 Tierkreiszeichen insgesamt 48 mögliche Grundkonstellationen mit jeweils unterschiedlichen Wirkungsspektren. Jede dieser Konstellationen ist von anderer Dauer. Vollmond und Neumond verweilen während des Kalenderjahres nur etwa einen Tag in jedem der Tierkreiszeichen, während zu- und abnehmender Mond sich jeweils für etwa 14 Tage in einem Tierkreiszeichen befinden. In der nachfolgenden Tabelle finden Sie die jahreszeitliche Verteilung der einzelnen Mondphasen und -stände zusammengefasst.

Mondphasen und -stände im Jahresverlauf Info

Tierkreis-zeichen	Neumond	Zunehmender Mond	Vollmond	Abnehmender Mond
Widder	April	Okt.–April	Okt.	April–Okt.
Stier	Mai	Nov.–Mai	Nov.	Mai–Nov.
Zwillinge	Juni	Dez.–Juni	Dez.	Juni–Dez.
Krebs	Juli	Jan.–Juli	Jan.	Juli–Jan.
Löwe	Aug.	Febr.–Aug.	Febr.	Aug.–Febr.
Jungfrau	Sept.	März–Sept.	März	Sept.–März
Waage	Okt.	April–Okt.	April	Okt.–April
Skorpion	Nov.	Mai–Nov.	Mai	Nov.–Mai
Schütze	Dez.	Juni–Dez.	Juni	Dez.–Juni
Steinbock	Jan.	Juli–Jan.	Juli	Jan.–Juli
Wassermann	Febr.	Aug.–Febr.	Aug.	Febr.–Aug.
Fische	März	Sept.–März	Sept.	März–Sept.

Die Grundkonstellationen

Im Folgenden haben wir für jede dieser 48 Grundkonstellationen aufgelistet, was an diesem Tag empfehlenswert ist und was Sie besser unterlassen sollten:

↗ Der blaue, nach oben zeigende Pfeil steht für alles, was günstig ist an diesem Tag.

↘ Der rote, nach unten weisende Pfeil symbolisiert alles Ungünstige des jeweiligen Tages.

Geordnet nach den Tierkreiszeichen, finden Sie hier zu den jeweils vier Mondphasen die geeigneten und ungeeigneten Aktivitäten – für den Umgang mit Zimmerpflanzen und Heilkräutern ebenso wie für die Arbeiten in Haus und Garten, auf dem Feld, im Stall und im Wald. Dazu gibt es Hinweise und Tipps für Gesundheit, Ernährung, Familie, Partnerschaft, Beruf und Freizeit.

Auf diese Weise erhalten Sie schnell den nötigen Überblick und können Ihre Tätigkeiten sowie Vorhaben auch langfristig planen.

Unter Zuhilfenahme der im Anhang zusammengestellten Monddaten für die Jahre 2005 bis 2020 können Sie sich aus diesen Anregungen einen ganz persönlichen Mondkalender zusammenstellen, der Sie durch das jeweilige Jahr führt. Denn in diesen Daten finden Sie übersichtlich für jeden Tag sowohl das wirkende Tierkreiszeichen als auch die gegebene Mondphase verzeichnet.

Bedenken Sie dabei aber immer, dass die hier genannten Regeln und Ratschläge niemals als Dogmen gedacht sind und stereotyp gehandhabt werden sollen. Sie wollen und sollen Ihnen Anregung sein, das Werden, Wachsen und Vergehen in Ihrer Umwelt zu beobachten und zu erleben. Erst dann, wenn Sie letztlich durch eigene Erfahrungen die Energien des Mondes spüren können, werden die Tipps Ihnen helfen, Ihr Leben im Einklang mit der Natur neu zu gestalten.

Dazu ein Beispiel

Angenommen, es ist Freitag, der 17. April 2020 und Sie wollen Pläne für das bevorstehende Wochenende machen.

- Zuerst schauen Sie in der Mondtabelle auf Seite 141 nach der Mondkonstellation am 18. und 19. April. In diesem Fall stellen Sie dann fest, dass sich der Mond in seiner abnehmenden Phase befindet und gerade durch das Tierkreiszeichen Fische wandert.
- Wenn Sie wissen wollen, welche Aktivitäten generell an Fischetagen mehr oder weniger günstig sind, können Sie nun auf Seite 120 weiterlesen. Dort erfahren Sie kurz zusammengefasst das Wichtigste über die grundlegenden Tendenzen dieser Tage.
- Für eine detailliertere Planung lesen Sie anschließend auf Seite 124 weiter. Dort erfahren Sie z. B., dass diese Tage günstig sind, um ein beruhigendes Bad zu nehmen, schön zu kochen, zu meditieren oder wieder einmal einen Film anzusehen.

Ungünstig wäre es dagegen, Obst und Gemüse zu konservieren (wegen erhöhter Fäulnisgefahr), die Zehennägel zu schneiden oder auch den Versuch zu unternehmen, von Wänden Schimmel zu beseitigen.

Auch für die Auswahl des Sonntagsmenüs erhalten Sie einige Hinweise. Sie erfahren beispielsweise, dass Kohlenhydrate an diesen Tagen vom Körper besonders gut aufgenommen, d. h. verarbeitet werden und Blattgemüse sowie Salat die Ernährungsempfehlungen dieses Tages sind.

An Widdertagen

Die allgemeine Tendenz des Tages Enthusiasmus, Spontaneität, Begeisterungsfähigkeit. An Widdertagen dominiert der Tatendrang – die Lust, Neues zu erproben, Mut zu beweisen. Es ist aber auch die Tendenz vorhanden, die Auseinandersetzung mit Freunden wie Konkurrenten zu suchen. Das Tierkreiszeichen Widder ist dem Element Feuer zugeordnet. Das bedeutet dann:

Für das Wetter An Widdertagen herrscht häufig relativ warmes und trockenes Wetter vor. Im Sommer besteht eine leichte Gewitterneigung. Wenn der Widder im Neumond steht, schlägt das Wetter oft um.

Für die Gesundheit Das Kopfschmerz- und Migränerisiko ist an Widdertagen häufig erhöht – deshalb sollten Sie besser auf Kaffee und Schokolade verzichten! Auch ein chirurgischer Eingriff im Kopf- und Gesichtsbereich ist während dieser Zeit möglichst zu vermeiden.

Für die Ernährung Widdertage haben eine besondere Eiweißqualität; Fleisch, Fisch und Milcherzeugnisse wirken sehr auf Muskelkraft und Sinnesorgane.

Für Arbeiten in Haus und Wohnung Widdertage sind Wärmetage. Deshalb sind sie beispielsweise begünstigt für das Lüften der Wohnung und vor allem die beste Zeit, um Obst einzukochen oder einzufrieren.

Für Garten und Landwirtschaft Widdertage sind Fruchttage, deshalb günstig für das Säen bzw. Setzen von Fruchtgemüse, Obst und Getreide. Empfehlenswert sind diese Tage auch für die Ernte von Gemüse und Früchten.

Für Familie und Partnerschaft Es entsteht leicht eine etwas gereizte Atmosphäre; intensivere Auseinandersetzungen sollten nach Möglichkeit vermieden werden. Flirts und Eroberungen gelingen jetzt besonders gut; die Nächte sind sehr leidenschaftlich.

Für Hobbys und Freizeit Diese Tage sind gute Termine für einen Reiseantritt, einen Theaterbesuch oder vor allem die Teilnahme an einem sportlichen Wettkampf.

Für Beruf und Geldangelegenheiten Widdertage sind günstig für geschäftliche Verhandlungen und Verkaufsgespräche. Auch bei Versteigerungen kann man erfolgreich sein.

Widder

Mond Aufsteigend
Element Feuer
Pflanzenteil Frucht
Nahrung Eiweiß
Witterungsqualität Wärme
Körper Kopf (Gehirn), Gesicht (Augen, Nase)
Organsystem Sinnesorgane

Neumond im Widder

Allgemeine Tagestendenz Starker Durchsetzungswillen
Planen und Vorsätze fassen | Neues beginnen | Häufiger Wetterumschwung
Stärkeres Wärmeempfinden

Gesundheit und Ernährung

- ↗ Erhöhte Aufmerksamkeit für Kopf und Gesicht
- ↗ Einen Fasttag zur Entschlackung und Reinigung einlegen
- ↗ Heute besonders gute Verwertung von Eiweiß – aber Vorsicht bei Allergien!
- ↗ Gemüse des Tages: Rotes Gemüse und rote Früchte, Hülsenfrüchte, Zucchini und Auberginen
- ↘ Genussmittel – deshalb besonders auf Kaffee und Schokolade verzichten, da erhöhtes Kopfschmerz- und Migränerisiko!
- ↘ Chirurgische Eingriffe generell, besonders aber am Kopf und im Gesicht

Schönheit und Körperpflege

- ↗ Wecken leidenschaftlicher Gefühle durch ein aphrodisisches Bad
- ↗ Pflege von Finger- und Fußnägeln
- ↗ Heilkräuter (Früchte) sammeln, trocknen und abfüllen

Haushalt und Zimmerpflanzen

- ↗ Guter Termin für den Wohnungseinzug
- ↗ Wohnung und Betten ausgiebig lüften
- ↗ Einfrieren von Erntegut und anderen Lebensmitteln
- ↗ Backen
- ↗ Butter zubereiten
- ↘ Fett unbeaufsichtigt erhitzen

Garten und Landwirtschaft

- ↗ Gehölze schneiden; kranke Gehölze zurückschneiden
- ↗ Gartenzaun setzen bzw. reparieren
- ↗ Einschlagen von Pfosten
- ↗ Stall neu beziehen
- ↗ Haustiere kastrieren
- ↘ Säen bzw. pflanzen
- ↘ Unkraut jäten
- ↘ Sammeln von Wurzelpflanzen

Familie und Partnerschaft

- ↗ Erhöhte sexuelle Energie; große Lust zum Flirten
- ↗ Guter Zeitpunkt für eine Reise, Sport oder einen Theaterbesuch
- ↘ Erhöhte Aggressivität
- ↘ Egoismus
- ↘ Mangelndes Einfühlungsvermögen

Beruf und Karriere

- ↗ Besonders starkes Durchsetzungsvermögen
- ↗ Gute Gelegenheiten für Verkäufe und Versteigerungen
- ↘ Starrsinn
- ↘ Rücksichtslosigkeit

Zunehmender Mond im Widder

Allgemeine Tagestendenz Starker Durchsetzungswillen
Aufnehmen des Körpers, Abgeben der Erde | Aufbauen, stärken, regenerieren
Zunehmendes Selbstbewusstsein

Gesundheit und Ernährung

- ↗ Besondere Aufmerksamkeit für Kopf und Gesicht
- ↗ Besondere Wirkung von Medikamenten – aber Dosierung genau beachten!
- ↗ Besonders gute Verwertung von Eiweiß – aber Vorsicht bei Allergien!
- ↗ Gemüse des Tages: Rotes Gemüse und rote Früchte, Hülsenfrüchte, Zucchini und Auberginen
- ↘ Genussmittel – deshalb besonders auf Kaffee und Schokolade verzichten, da erhöhtes Kopfschmerz- und Migränerisiko!
- ↘ Operationen, vor allem im Kopfbereich

Schönheit und Körperpflege

- ↗ Beste Wirkung von Gesichtsmasken zur Hauternährung und -straffung
- ↗ Aphrodisisches Bad
- ↗ Heilkräuter (Früchte) sammeln
- ↘ Sonnenbad

Haushalt und Zimmerpflanzen

- ↗ Kuchen backen, weil er besonders locker wird
- ↗ Einfrieren von Erntegut und anderen Lebensmitteln
- ↗ Butter zubereiten
- ↘ Trocknen von Früchten und Kräutern
- ↘ Fett unbeaufsichtigt erhitzen

Garten und Landwirtschaft

- ↗ Fruchtgemüse säen
- ↗ Getreide anbauen
- ↗ Schneiden, was schnell nachwachsen soll
- ↘ Pflanzen düngen

Familie und Partnerschaft

- ↗ Erhöhte sexuelle Energie; große Lust zum Flirten
- ↗ Passender Zeitpunkt für eine Reise, Sport oder einen Theaterbesuch
- ↘ Erhöhte Aggressivität
- ↘ Egoismus
- ↘ Mangelndes Einfühlungsvermögen

Beruf und Karriere

- ↗ Besonders starkes Durchsetzungsvermögen
- ↗ Gute Gelegenheiten für Verkäufe und Versteigerungen
- ↘ Starrsinn
- ↘ Rücksichtslosigkeit

Vollmond im Widder

Allgemeine Tagestendenz Starker Durchsetzungswillen
Unruhe, starke seelische Einflüsse | Besonders starkes Aufnehmen des Körpers, Ausatmen der Erde | Häufiger Wetterumschwung | Stärkeres Wärmeempfinden

Gesundheit und Ernährung

- ↗ Besondere Aufmerksamkeit für Kopf und Gesicht
- ↗ Besonders gute Verwertung von Eiweiß – aber Vorsicht bei Allergien!
- ↗ Gemüse des Tages: Rotes Gemüse und rote Früchte, Hülsenfrüchte, Zucchini und Auberginen
- ↘ Genussmittel – deshalb besonders auf Kaffee und Schokolade verzichten, da erhöhtes Kopfschmerz- und Migränerisiko!
- ↘ Operationen, die nicht unbedingt erforderlich sind
- ↘ Impfungen

Schönheit und Körperpflege

- ↗ Wecken von Leidenschaften durch ein aphrodisisches Bad
- ↗ Salben herstellen
- ↘ Körperhaare entfernen
- ↘ Sonnenbad

Haushalt und Zimmerpflanzen

- ↗ Die Wohnung lüften
- ↗ Einfrieren von Erntegut und anderen Lebensmitteln
- ↗ Sauerkraut ansetzen
- ↗ Butter zubereiten
- ↘ Besonders hohe Erhitzung von Fett – deshalb Brandgefahr

Garten und Landwirtschaft

- ↗ Pflanzen düngen
- ↗ Ernten
- ↗ Einlagern oder konservieren
- ↗ Ernten und Einlagern von Getreide
- ↗ Das Abstillen von Jungtieren beenden
- ↘ Unkraut jäten
- ↘ Sä- und Pflanzarbeiten
- ↘ Quellen suchen

Familie und Partnerschaft

- ↗ Erhöhte sexuelle Energie; große Lust zum Flirten
- ↗ Passender Zeitpunkt für eine Reise, Sport oder einen Theaterbesuch
- ↘ Erhöhte Aggressivität
- ↘ Egoismus
- ↘ Mangelndes Einfühlungsvermögen

Beruf und Karriere

- ↗ Besonders starkes Durchsetzungsvermögen
- ↗ Gute Gelegenheiten bei Versteigerungen
- ↘ Starrsinn
- ↘ Rücksichtslosigkeit

Abnehmender Mond im Widder

Allgemeine Tagestendenz Starker Durchsetzungswillen
Erhöhte Aktivität und Kraftentfaltung | Möglichkeit, Unerwünschtes zu entfernen
Abgeben des Körpers, Einatmen der Erde | Stärkeres Wärmeempfinden

Gesundheit und Ernährung

- ↗ Besondere Aufmerksamkeit für Kopf und Gesicht
- ↗ Chirurgische Eingriffe, aber nicht im Kopfbereich
- ↗ Entschlackungs- und Schlankheitskuren
- ↗ Besonders gute Verwertung von Eiweiß – aber Vorsicht bei Allergien!
- ↗ Gemüse des Tages: Rotes Gemüse und rote Früchte, Hülsenfrüchte, Zucchini und Auberginen
- ↘ Genussmittel

Schönheit und Körperpflege

- ↗ Tiefenreinigung der Haut
- ↗ Entspannende Massagen
- ↗ Aphrodisisches Bad
- ↗ Hühneraugen entfernen
- ↗ Heilkräuter (Früchte) sammeln
- ↗ Kräuterkissen herstellen

Haushalt und Zimmerpflanzen

- ↗ Besondere Schmackhaftigkeit und Haltbarkeit von selbst gebackenem Brot
- ↗ Fenster putzen
- ↗ Porzellan reinigen
- ↗ Metalle reinigen
- ↗ Ausgiebig lüften
- ↗ Chemische Reinigung
- ↗ Butter zubereiten
- ↘ Fett unbeaufsichtigt erhitzen

Garten und Landwirtschaft

- ↗ Pflanzen düngen
- ↗ Gehölze schneiden
- ↗ Ernten, einlagern, konservieren (vor allem Getreide)
- ↗ Heuernte einbringen
- ↗ Heustock ansetzen
- ↗ Brennholz einschlagen und spalten

Familie und Partnerschaft

- ↗ Erhöhte sexuelle Energie; große Lust zum Flirten
- ↗ Passender Zeitpunkt für eine Reise, Sport oder einen Theaterbesuch
- ↘ Erhöhte Aggressivität
- ↘ Egoismus
- ↘ Mangelndes Einfühlungsvermögen

Beruf und Karriere

- ↗ Besonders starkes Durchsetzungsvermögen
- ↘ Starrsinn
- ↘ Rücksichtslosigkeit

An Stiertagen

Die allgemeine Tendenz des Tages Beharrlichkeit. Erreichtes wird bewahrt, Neues kritisch betrachtet. Sicherheit und Selbstständigkeit sind die bestimmenden Kriterien dieses Tages. Das Tierkreiszeichen Stier ist dem Element Erde zugeordnet. Das bedeutet dann:

Für das Wetter Stiertage sind Kältetage. Das spürt man auch bei ansonsten warmer Witterung. Kommt Bewölkung auf, kühlt die Erde rasch ab und fühlt sich relativ kalt an.

Für die Gesundheit Vorsicht vor Erkältungen und Entzündungen der Atemwege! Zahn- und Kieferbehandlungen sollten jetzt vermieden werden. Starke Lärmbelastung wirkt an Stiertagen besonders störend. Besonders günstig sind Massagen zur Entspannung und Kräftigung der Nackenmuskulatur.

Für die Ernährung Stiertage haben eine besondere Salzqualität; wer auf salzarme Kost achten muss, sollte daher sehr vorsichtig sein. Gerne gibt man sich an Stiertagen auch dem Genuss eines guten Essens hin – aber Vorsicht bei Übergewicht!

Stier

Mond Aufsteigend
Element Erde
Pflanzenteil Wurzel
Nahrung Salz
Witterungsqualität Kälte
Körper Ohren, Kiefer, Zähne, Hals, Nacken
Organsystem Blutkreislauf

Für Arbeiten in Haus und Wohnung Stiertage sind – besonders bei zunehmendem Mond – für Hausarbeiten aller Art wenig günstig. Geeignet sind sie vor allem für das Einlagern bzw. Konservieren von Kartoffeln und anderem Wurzelgemüse.

Für Garten und Landwirtschaft Stiertage sind bei abnehmendem Mond geeignete Tage für das Säen und Pflanzen von Wurzelgemüse sowie Wurzelkräutern. Bei abnehmendem Mond den Komposthaufen anzusetzen ist ebenfalls begünstigt.

Für Familie und Partnerschaft Es herrschen Ruhe und Harmonie. Diese Zeit ist sehr geeignet, um gemeinsam für die Zukunft zu planen. Stiertage sind die besten Hochzeitstage. Eine sehr starke Sinnlichkeit bestimmt nun die Liebesbeziehung.

Für Hobbys und Freizeit Diese Zeit ist sehr günstig, seine Hobbys gründlich zu pflegen, aber auch für einen Ausflug in die Natur sowie für alles, was dem »Abschalten« dient.

Für Beruf und Geldangelegenheiten Stiertage sind günstig für Budgetplanungen, für Geldanlagen und größere Geschäfte.

Neumond im Stier

Allgemeine Tagestendenz Beharrlichkeit
Planen und Vorsätze fassen | Neues beginnen | Häufiger Wetterumschwung
Stärkeres Kälteempfinden

Gesundheit und Ernährung

- ↗ Besondere Aufmerksamkeit für Hals, Nacken, Ohren
- ↗ Guter Termin für einen Fasttag
- ↗ Besonders gute Aufnahme von Salzen
- ↗ Gemüse des Tages: Zwiebeln, Kartoffeln und Lauch
- ↘ Allzu starke Lärmbelästigung – deshalb entsprechende Orte meiden!
- ↘ Zahn- und Kieferbehandlungen – deshalb nach Möglichkeit vermeiden!

Schönheit und Körperpflege

- ↗ Wohltuende Wirkung von heilenden Bädern
- ↗ Entspannungsübungen
- ↗ Passende Gelegenheit, um schlechte Gewohnheiten aufzugeben.

Haushalt und Zimmerpflanzen

- ↗ Passender Termin, um eine Wohnung neu zu beziehen
- ↗ Haltbarmachen und Einlagern von Wurzelgemüse
- ↘ Butter zubereiten
- ↘ Marmelade kochen

Garten und Landwirtschaft

- ↗ Alle von Schädlingen befallenen Pflanzen zurückschneiden
- ↗ Rückschnitt der Spitzen von kranken und wachstumsgestörten Bäumen
- ↗ Veredeln von Obstgehölzen und Rosen
- ↗ Haustiere kastrieren
- ↗ Einschlagen von Pfosten
- ↗ Gartenzaun setzen oder reparieren
- ↘ Säen bzw. pflanzen
- ↘ Das Legen von Erbsen und Bohnen
- ↘ Sammeln bzw. Ernten von heilkräftigen Wurzeln (besser an Jungfrau- und Steinbocktagen)

Familie und Partnerschaft

- ↗ Bevorzugte Hochzeitstage
- ↗ Harmonie als bestimmendes Element der Partnerschaft
- ↗ Erhöhte Sinnlichkeit
- ↗ Alle Angelegenheiten, die Familie und Heim betreffen

Beruf und Karriere

- ↗ Gute Aussichten bei Verkäufen und Versteigerungen
- ↗ Erfolg von Budgetplanungen sowie Geldanlagen

Zunehmender Mond im Stier

Allgemeine Tagestendenz Beharrlichkeit
Aufnehmen des Körpers, Abgeben der Erde | Aufbauen, stärken, regenerieren
Zunehmendes Selbstbewusstsein | Stärkeres Kälteempfinden

Gesundheit und Ernährung

- ↗ Besondere Aufmerksamkeit für Hals, Nacken, Ohren
- ↗ Hohe Wirkung von Medikamenten in geringer Dosierung
- ↗ Besonders gute Aufnahme von Salzen
- ↗ Gemüse des Tages: Zwiebeln, Kartoffeln und Lauch
- ↘ Zugluft – deshalb Hals und Stimmbänder schonen!
- ↘ Allzu starke Lärmbelästigung
- ↘ Zahn- und Kieferbehandlungen – deshalb nach Möglichkeit vermeiden!
- ↘ Körperliche Anstrengungen

Schönheit und Körperpflege

- ↗ Eingewachsene Nägel korrigieren
- ↗ Kräftigende Massagen
- ↗ Heilende Bäder
- ↘ Entspannungsübungen

Haushalt und Zimmerpflanzen

- ↗ Fußböden trocken reinigen
- ↗ Konservieren, Lagern von Wurzelgemüse
- ↗ Weißkohl hobeln und dann zu Sauerkraut ansetzen
- ↘ Butter zubereiten

Garten und Landwirtschaft

- ↗ Bäume und Ziersträucher pflanzen
- ↗ Veredeln von Obstgehölzen und Rosen
- ↗ Ernten von Garten- und Feldfrüchten
- ↗ Komposthaufen feststampfen
- ↗ Brennholz einlagern
- ↘ Umsetzen oder Umtopfen aller Pflanzen
- ↘ Sammeln bzw. Ernten von heilkräftigen Wurzeln
- ↘ Setzen und Reparieren von Gartenzäunen

Familie und Partnerschaft

- ↗ Bevorzugte Hochzeitstage
- ↗ Harmonie als bestimmendes Element der Partnerschaft
- ↗ Erhöhte Sinnlichkeit
- ↗ Alle Angelegenheiten, die Familie und Heim betreffen
- ↗ Den Hobbys nachgehen
- ↘ Streitigkeiten schlichten

Beruf und Karriere

- ↗ Gute Aussichten bei Verkäufen und Versteigerungen
- ↗ Erfolg von Budgetplanungen sowie Geldanlagen
- ↘ Werbeangelegenheiten

Vollmond im Stier

Allgemeine Tagestendenz Beharrlichkeit
Unruhe, starke seelische Einflüsse | Besonders starkes Aufnehmen des Körpers, Ausatmen der Erde | Häufiger Wetterumschwung | Stärkeres Kälteempfinden

Gesundheit und Ernährung

- ↗ Alle Maßnahmen zur Stärkung des Immunsystems
- ↗ Erhöhte Geburtenzahlen
- ↗ Besonders gute Aufnahme von Salzen zur Bluternährung
- ↗ Gemüse des Tages: Zwiebeln, Kartoffeln und Lauch
- ↘ Operationen, die nicht unbedingt erforderlich sind
- ↘ Impfungen
- ↘ Zahn- und Kieferbehandlungen

Schönheit und Körperpflege

- ↗ Wohltuende Ausgeglichenheit und Ruhe durch heilende Bäder
- ↗ Salben herstellen und anwenden
- ↘ Körperhaare entfernen
- ↘ Entspannungsübungen

Haushalt und Zimmerpflanzen

- ↗ Wohnung kurz lüften
- ↗ Federbetten nachfüllen
- ↗ Zwischendüngung von Zimmerpflanzen mit schwacher Wurzelbildung
- ↘ Butter zubereiten

Garten und Landwirtschaft

- ↗ Düngen aller Pflanzen im Garten sowie auf dem Feld
- ↗ Geburt von Nutztieren, da diese in ihrer Entwicklung besonders begünstigt sind
- ↗ Abschluss der Entwöhnung von Jungtieren
- ↗ Einschlagen von Dielenholz
- ↗ Mist bzw. Gülle ausbringen
- ↘ Alle Schnittarbeiten an Obst- sowie Ziergehölzen
- ↘ Setzen und Reparieren von Gartenzäunen
- ↘ Sammeln bzw. Ernten von heilkräftigen Wurzeln (besser an Jungfrau- und Steinbocktagen)

Familie und Partnerschaft

- ↗ Bevorzugte Hochzeitstage
- ↗ Harmonie als bestimmendes Element der Partnerschaft
- ↗ Erhöhte Sinnlichkeit
- ↗ Alle Angelegenheiten, die Familie und Heim betreffen

Beruf und Karriere

- ↗ Steuerangelegenheiten regeln
- ↘ Geldanlagen

Abnehmender Mond im Stier

Allgemeine Tagestendenz Beharrlichkeit
Erhöhte Aktivität und Kraftentfaltung | Möglichkeit, Unerwünschtes zu entfernen
Abgeben des Körpers, Einatmen der Erde | Stärkeres Kälteempfinden

Gesundheit und Ernährung

- ↗ Entschlackungs- und Schlankheitskuren
- ↗ Operationen durchführen, aber möglichst nicht im Ohren-, Kiefer- und Halsbereich
- ↗ Brennnesseltee zur Blutreinigung trinken
- ↗ Warzen entfernen
- ↗ Besonders gute Aufnahme von Salzen – aber Vorsicht bei Diätmaßnahmen!
- ↗ Gemüse des Tages: Zwiebeln, Kartoffeln und Lauch
- ↘ Zahnbehandlungen

Schönheit und Körperpflege

- ↗ Entspannende Massagen
- ↗ Heilende Bäder
- ↗ Entspannungsübungen
- ↗ Eingewachsene Nägel ziehen
- ↗ Hühneraugen entfernen
- ↗ Saunabad
- ↗ Körperhaare entfernen

Haushalt und Zimmerpflanzen

- ↗ Hausputz
- ↗ Porzellan und Metalle reinigen
- ↗ Schuhe putzen
- ↗ Schimmel beseitigen
- ↗ Chemische Reinigung
- ↗ Streich- und Lackierarbeiten
- ↗ Zwischendüngung für Zimmerpflanzen mit schwacher Wurzelbildung

Garten und Landwirtschaft

- ↗ Kompost an- bzw. umsetzen
- ↗ Wurzelgemüse säen bzw. setzen
- ↗ Heustock ansetzen
- ↗ Ernten, was getrocknet werden soll
- ↗ Schädlingsbekämpfung im Erdreich
- ↗ Laufplatten legen
- ↗ Boden- und Werkzeugholz einschlagen
- ↘ Sammeln bzw. Ernten von heilkräftigen Wurzeln (besser an Jungfrau- und Steinbocktagen)

Familie und Partnerschaft

- ↗ Bevorzugte Hochzeitstage
- ↗ Harmonie als bestimmendes Element der Partnerschaft
- ↗ Alle Angelegenheiten, die Familie und Heim betreffen

Beruf und Karriere

- ↗ Gute Aussichten bei Verkäufen
- ↘ Das Planen einer Geschäftsreise
- ↘ Der Besuch einer Versteigerung

An Zwillingetagen

Die allgemeine Tendenz des Tages Alles auf einmal. Neugier und das Verlangen, neue Menschen, Erfahrungen, Eindrücke zu gewinnen, bestimmen diesen Tag. Dabei besteht die Gefahr, sich zu verzetteln. Das Tierkreiszeichen Zwillinge ist dem Element Luft zugeordnet. Das bedeutet dann:

Für das Wetter Zwillingetage machen meist einen heiteren, lichterfüllten Eindruck – auch wenn der Himmel bewölkt ist. Wassersportler und Autofahrer müssen mit einer verstärkten Blendwirkung rechnen.

Für die Gesundheit Rheumatiker sollten besonders vorsichtig sein, da akute Krankheitsschübe auftreten können. Die betroffenen Bereiche müssen warm gehalten werden. Besonders günstig wirken Massagen und Gymnastik für den Schultergürtel und die Nackenmuskeln.

Für die Ernährung An Zwillingetagen hat Fett eine besondere Qualität. Oft sind fette Speisen dann sehr gut verträglich – aber Vorsicht bei Stoffwechselbeschwerden und Übergewicht!

Für Arbeiten in Haus und Wohnung Zwillingetage sind Lufttage. Sie sind – vor allem bei abnehmendem Mond – für viele Reinigungsarbeiten sehr günstig.

Für Garten und Landwirtschaft Zwillingetage sind Blütentage – bei zunehmendem Mond günstig für das Säen von Blütenpflanzen, Heilkräutern und Kletterpflanzen. Auf das Gießen bzw. Wässern der Pflanzen sollten Sie jetzt aber verzichten!

Für Familie und Partnerschaft Vertrauen und Verständigung prägen diese Tage. Eine gute Zeit für die Vertiefung alter Beziehungen und das Knüpfen neuer Kontakte!

Für Hobbys und Freizeit Diese Zeit ist geeignet für gemeinsame Unternehmungen mit Familie und Freunden, für fröhliche Partys oder auch Kurzreisen.

Für Beruf und Geldangelegenheiten Zwillingetage sind z. B. günstig für den Ausbau geschäftlicher Beziehungen, für Werbemaßnahmen und Konferenzen. Auch Verkäufe gelingen erfahrungsgemäß sehr gut.

Zwillinge

Mond Schon absteigend (Wendepunkt zwischen aufsteigender und absteigender Kraft)
Element Luft
Pflanzenteil Blüte
Nahrung Fett
Witterungsqualität Licht
Körper Schultern, Arme, Hände und Bronchien
Organsystem Drüsen

Neumond in den Zwillingen

Allgemeine Tagestendenz Mangelnde Entschlusskraft
Planen und Vorsätze fassen | Neues beginnen | Häufiger Wetterumschwung
Stärkeres Helligkeitsempfinden

Gesundheit und Ernährung

- ↗ Besondere Aufmerksamkeit für Schultern, Arme, Hände
- ↗ Bei rheumatischen Beschwerden im Schulterbereich Linderung und Heilung durch Gymnastik
- ↗ Fasttag zur Entschlackung und Reinigung einlegen
- ↗ Schlechte Gewohnheiten aufgeben, vor allem das Rauchen
- ↗ Besonders gute Verwertung von Fett – aber Vorsicht bei Übergewicht!
- ↗ Gemüse des Tages: Brokkoli, Artischocken
- ↘ Chirurgische Eingriffe
- ↘ Zähne ziehen
- ↘ Körperliche Überanstrengung

Schönheit und Körperpflege

- ↗ Anregendes Bad als Wohltat für Körper und Seele
- ↗ Haare waschen
- ↘ Maniküre

Haushalt und Zimmerpflanzen

- ↗ Passender Termin, um eine Wohnung neu zu beziehen
- ↘ Brot und Kuchen backen
- ↘ Pflanzen gießen

Garten und Landwirtschaft

- ↗ Gehölze schneiden; kranke Gehölze zurückschneiden
- ↗ Heustock ansetzen
- ↗ Haustiere kastrieren
- ↗ Gartenzaun setzen oder reparieren
- ↘ Pflanzen säen bzw. setzen
- ↘ Pflanzen wässern
- ↘ Stall neu beziehen

Familie und Partnerschaft

- ↗ Vertrauen als prägendes Element der Partnerschaft
- ↗ Passender Zeitpunkt für eine Kurzreise, einen Theaterbesuch, aber auch für eine fröhliche Party im Freundeskreis

Beruf und Karriere

- ↗ Gute Gelegenheit, um die Geschäftsbeziehungen auszuweiten
- ↗ Gute Konditionen bei Versteigerung, Kauf, Verkauf und Werbung
- ↘ Neigung zu Flüchtigkeitsfehlern und mangelnder Entschlusskraft

Zunehmender Mond in den Zwillingen

Allgemeine Tagestendenz Mangelnde Entschlusskraft
Aufnehmen des Körpers, Abgeben der Erde | Aufbauen, stärken, regenerieren
Zunehmendes Selbstbewusstsein | Stärkeres Helligkeitsempfinden

Gesundheit und Ernährung

- ↗ Besondere Aufmerksamkeit auf Schultern, Arme, Hände richten
- ↗ Alle stärkenden Massagen – besonders im Schulterbereich – gegen rheumatische Beschwerden
- ↗ Kräftigende Gymnastik für den Schultergürtel
- ↗ Passende Zeit für eine Kur oder einen Erholungsurlaub
- ↗ Besonders gute Verwertung von Fett – aber Vorsicht bei Übergewicht!
- ↗ Gemüse des Tages: Brokkoli, Artischocken
- ↘ Chirurgische Eingriffe
- ↘ Zähne ziehen
- ↘ Entschlackungskuren

Schönheit und Körperpflege

- ↗ Eingewachsene Nägel korrigieren
- ↗ Gute Durchblutung der Haut durch ein anregendes Bad
- ↗ Heilkräuter (Blüten) sammeln und gleich anwenden

Haushalt und Zimmerpflanzen

- ↗ Die Wohnung lüften
- ↗ Fußböden trocken reinigen
- ↗ Zimmerpflanzen umtopfen
- ↘ Pflanzen gießen, düngen
- ↘ Trocknen, abfüllen, lagern

Garten und Landwirtschaft

- ↗ Komposthaufen feststampfen
- ↗ Rankende Gewächse und Blumen säen bzw. setzen
- ↗ Rosen veredeln
- ↘ Pflanzen wässern
- ↘ Düngen
- ↘ Brennholz einschlagen, da es nicht gut brennen würde
- ↘ Säen und Pflanzen von Wurzelgemüse
- ↘ Alle Arten der Unkrautbekämpfung

Familie und Partnerschaft

- ↗ Vertrauen als prägendes Element der Partnerschaft
- ↗ Passende Zeit für eine Kurzreise, einen Theaterbesuch, aber auch für eine fröhliche Party im Freundeskreis

Beruf und Karriere

- ↗ Gute Gelegenheit, um die Geschäftsbeziehungen auszuweiten
- ↗ Gute Konditionen bei Versteigerung, Kauf, Verkauf und Werbung
- ↘ Neigung zu Flüchtigkeitsfehlern und mangelnder Entschlusskraft

Vollmond in den Zwillingen

Allgemeine Tagestendenz Mangelnde Entschlusskraft
Unruhe, starke seelische Einflüsse | Besonders starkes Aufnehmen des Körpers, Ausatmen der Erde | Häufiger Wetterumschwung | Stärkeres Helligkeitsempfinden

Gesundheit und Ernährung

- ↗ Besondere Aufmerksamkeit auf Schultern, Arme, Hände richten
- ↗ Alle Maßnahmen zur Stärkung des Immunsystems
- ↗ Erhöhte Geburtenzahl
- ↗ Gymnastik für den Schultergürtel
- ↗ Besonders gute Verwertung von Fett – aber Vorsicht bei Stoffwechselproblemen!
- ↗ Gemüse des Tages: Brokkoli, Artischocken
- ↘ Chirurgische Eingriffe
- ↘ Zähne ziehen
- ↘ Impfungen

Schönheit und Körperpflege

- ↗ Straffe Haut und frischer Teint durch ein anregendes Bad
- ↗ Heilkräuter (Blüten) sammeln und gleich anwenden
- ↗ Salben zur Schönheitspflege herstellen
- ↘ Maniküre
- ↘ Körperhaare entfernen

Haushalt und Zimmerpflanzen

- ↗ Die Wohnung lüften
- ↗ Federbetten auffüllen
- ↗ Pflanzen düngen
- ↘ Pflanzen gießen

Garten und Landwirtschaft

- ↗ Pflanzen düngen
- ↗ Das Abstillen von Jungtieren beenden
- ↘ Pflanzen wässern
- ↘ Quellen suchen

Familie und Partnerschaft

- ↗ Vertrauen als prägendes Element der Partnerschaft
- ↗ Passende Zeit für eine Kurzreise, einen Theaterbesuch, aber auch für eine fröhliche Party im Freundeskreis

Beruf und Karriere

- ↗ Gute Gelegenheit, um die Geschäftsbeziehungen auszuweiten
- ↗ Werbeangelegenheiten
- ↘ Neigung zu Flüchtigkeitsfehlern und mangelnder Entschlusskraft

Abnehmender Mond in den Zwillingen

Allgemeine Tagestendenz Mangelnde Entschlusskraft
Erhöhte Aktivität und Kraftentfaltung | Möglichkeit, Unerwünschtes zu entfernen
Abgeben des Körpers, Einatmen der Erde | Stärkeres Helligkeitsempfinden

Gesundheit und Ernährung

- Besondere Aufmerksamkeit auf Schultern, Arme, Hände richten
- Entschlackungs- und Schlankheitskuren
- Brennnesseltee zur Blutreinigung trinken
- Warzen entfernen
- Entspannende Massagen
- Hühneraugen entfernen
- Besonders gute Verwertung von Fett – aber Vorsicht bei Übergewicht!
- Gemüse des Tages: Brokkoli, Artischocken

Schönheit und Körperpflege

- Tiefenreinigung der Haut
- Entspannende Massagen
- Kräuterkissen herstellen

Haushalt und Zimmerpflanzen

- Kellerregale reinigen
- Holz- und Parkettfußböden wischen
- Fenster putzen
- Heilkräuter trocknen
- Porzellan und Metalle reinigen
- Schuhe putzen
- Schimmel beseitigen
- Lüften
- Garderobe einlagern
- Malern und Lackieren
- Chemische Reinigung
- Pflanzen gießen

Garten und Landwirtschaft

- Schädlingsbekämpfung oberirdisch
- Blütengehölze (Rosen) düngen
- Rückschnitt bei jungen Obstbäumen
- Heustock ansetzen
- Stallpflege und -reinigung
- Ernten, was getrocknet werden soll
- Laufplatten legen
- Pflanzen wässern
- Brennholz einschlagen, da es nicht gut brennen würde

Familie und Partnerschaft

- Vertrauen als prägendes Element der Partnerschaft
- Passende Zeit für eine Kurzreise, einen Theaterbesuch, aber auch für eine fröhliche Party im Freundeskreis

Beruf und Karriere

- Gute Gelegenheit, um die Geschäftsbeziehungen auszuweiten
- Gute Konditionen bei Kauf, Verkauf und Werbung

An Krebstagen

Die allgemeine Tendenz des Tages Das Gefühl ist stärker als der Verstand. Die Sehnsucht nach innerer und äußerer Ruhe, Geborgenheit, häuslicher Gemütlichkeit und familiärer Harmonie prägt diesen Tag. Mütterliche Gefühle dominieren. Das Tierkreiszeichen Krebs ist dem Element Wasser zugeordnet. Das bedeutet dann:

Für das Wetter An Krebstagen herrscht eine leicht erhöhte Niederschlagsneigung. Die Feuchtigkeit der Luft und des Bodens ist ebenfalls erhöht. Am Morgen muss auch im Sommer mit Tau sowie Nebel über den Wiesen und Weiden gerechnet werden.

Für die Gesundheit Krebstage eignen sich – vor allem in der Zeit von Juli bis Januar – als Fast- und Entschlackungstage. Vorsicht vor zu viel Alkoholgenuss!

Für die Ernährung An Krebstagen haben Kohlenhydrate eine besondere Qualität. Empfohlen wird aber insgesamt leichte Kost, da der Magen an Krebstagen empfindlich reagieren kann. Es besteht daher eine verstärkte Neigung zu Sodbrennen.

Krebs

Mond Absteigend
Element Wasser
Pflanzenteil Blatt
Nahrung Kohlenhydrate
Witterungsqualität Feuchtigkeit
Körper Lunge, Magen, Galle, Leber
Organsystem Nerven

Für Arbeiten in Haus und Wohnung Krebstage sind bei abnehmendem Mond ideal für die große Wäsche und einige feuchte Reinigungsarbeiten im Haushalt. Die Wohnung sollten Sie aber nur kurz lüften!

Für Garten und Landwirtschaft Krebstage sind Blatttage und somit günstig für das Säen und Setzen von Blattgemüse. Sie sind auch besonders geeignet für das Gießen bzw. Wässern von Gartenpflanzen sowie das Düngen bei Voll- und abnehmendem Mond.

Für Familie und Partnerschaft »Den Partner verwöhnen« heißt das Motto dieser Tage. Diese Zeit ist gut geeignet für ein atmosphärisches Essen zu zweit oder auch einen netten Familienbesuch.

Für Hobbys und Freizeit Diese Zeit ist passend für häusliche Beschäftigungen, wie Kochen oder kunstgewerbliche Arbeiten, und geruhsame Spaziergänge mit Familie oder Freunden.

Für Beruf und Geldangelegenheiten Krebstage sind für diesen Bereich nicht so bedeutend; die Gedanken und Aktivitäten erstrecken sich verstärkt auf das private Umfeld.

Neumond im Krebs

Allgemeine Tagestendenz Dominanz des Gefühls
Planen und Vorsätze fassen | Neues beginnen | Häufiger Wetterumschwung
Stärkeres Feuchtigkeitsempfinden

Gesundheit und Ernährung

- ↗ Besondere Aufmerksamkeit für Lunge, Magen, Galle, Leber
- ↗ Vorsicht bei Fett und Alkohol wegen besonderer Empfindlichkeit von Leber und Galle
- ↗ Fasttag einlegen
- ↗ Gute Verwertung von Kohlenhydraten
- ↗ Gemüse des Tages: Blattgemüse, Salat
- ↘ Körperliche Überanstrengung
- ↘ Chirurgische Eingriffe in den von Krebs dominierten Körperbereichen

Schönheit und Körperpflege

- ↗ Volle Wirkungsentfaltung von beruhigenden Bädern
- ↘ Haare waschen
- ↘ Haare schneiden

Haushalt und Zimmerpflanzen

- ↗ Passender Termin, um eine Wohnung neu zu beziehen
- ↗ Die nötigen Wasserinstallationsarbeiten durchführen
- ↗ Zimmerpflanzen gießen
- ↘ Backen
- ↘ Konservieren, einlagern, abfüllen sowie verstauen
- ↘ Butter zubereiten, wegen der Wässrigkeit der Milch

Garten und Landwirtschaft

- ↗ Pflanzen gießen bzw. wässern
- ↗ Kranke oder von Schädlingen befallene Pflanzen und Gehölze zurückschneiden
- ↗ Haustiere kastrieren
- ↘ Säen bzw. pflanzen
- ↘ Ernten
- ↘ Gartenzaun setzen oder reparieren
- ↘ Einschlagen von Pfosten
- ↘ Geburt von Tieren
- ↘ Stall neu beziehen

Familie und Partnerschaft

- ↗ Passende Gelegenheiten, den Partner zu verwöhnen und zu umsorgen
- ↗ Besonders angenehme Stimmung bei einem Essen zu zweit
- ↗ Guter Zeitpunkt, um Familienangelegenheiten zu regeln
- ↘ Egotrips

Beruf und Karriere

- ↗ Besondere Ausprägung von Kommunikationsfähigkeit und Vorstellungsvermögen
- ↗ Gute Bedingungen für Versteigerungen
- ↘ Neigung zu Launenhaftigkeit, Melancholie und Trägheit

Zunehmender Mond im Krebs

Allgemeine Tagestendenz Dominanz des Gefühls
Aufnehmen des Körpers, Abgeben der Erde | Aufbauen, stärken, regenerieren
Zunehmendes Selbstbewusstsein | Stärkeres Feuchtigkeitsempfinden

Gesundheit und Ernährung

- ↗ Besondere Aufmerksamkeit für Lunge, Magen, Galle, Leber
- ↗ Vorsicht bei Fett und Alkohol wegen besonderer Empfindlichkeit von Leber und Galle
- ↗ Gute Verwertung von Kohlenhydraten – aber Vorsicht bei Allergien und Übergewicht!
- ↗ Gemüse des Tages: Blattgemüse, Salat
- ↘ Operationen in den Bereichen Brust und Magen

Schönheit und Körperpflege

- ↗ Beruhigendes Bad
- ↗ Heilkräuter (Blätter) sammeln und gleich anwenden
- ↘ Haare waschen
- ↘ Haare schneiden

Haushalt und Zimmerpflanzen

- ↗ Die nötigen Wasserinstallationsarbeiten durchführen
- ↗ Zimmerpflanzen gießen
- ↘ Backen
- ↘ Butter zubereiten, wegen der Wässrigkeit der Milch
- ↘ Früchte und Kräuter trocknen
- ↘ Konservieren, einlagern, abfüllen sowie verstauen

Garten und Landwirtschaft

- ↗ Komposthaufen feststampfen
- ↗ Blattgemüse (außer Kohl und Kopfsalat) säen bzw. setzen
- ↗ Rasen mähen
- ↗ Pflanzen gießen
- ↗ Eigelege von Hühnern, Enten und Gänsen bebrüten lassen
- ↗ Kälber ansetzen und entwöhnen
- ↗ Wasserbaumaßnahmen
- ↘ Pflanzen, was hochwachsen soll

Familie und Partnerschaft

- ↗ Passende Gelegenheiten, den Partner zu verwöhnen und zu umsorgen
- ↗ Besonders geeigneter Termin für kunstgewerbliche Tätigkeiten
- ↗ Guter Zeitpunkt, um Familienangelegenheiten zu regeln

Beruf und Karriere

- ↗ Besondere Ausprägung von Kommunikationsfähigkeit und Vorstellungsvermögen
- ↗ Gute Bedingungen für Versteigerungen

Vollmond im Krebs

Allgemeine Tagestendenz Dominanz des Gefühls
Unruhe, starke seelische Einflüsse | Besonders starkes Aufnehmen des Körpers, Ausatmen der Erde | Häufiger Wetterumschwung | Stärkeres Feuchtigkeitsempfinden

Gesundheit und Ernährung

- ↗ Besondere Aufmerksamkeit für Lunge, Magen, Galle, Leber
- ↗ Alle Maßnahmen zur Stärkung des Immunsystems
- ↗ Vorsicht bei Fett und Alkohol, wegen der besonderen Empfindlichkeit von Leber und Galle
- ↗ Besonders gute Verwertung von Kohlenhydraten – aber Vorsicht bei Allergien und Übergewicht!
- ↗ Gemüse des Tages: Blattgemüse, Salat
- ↘ Operationen, die nicht unbedingt erforderlich sind
- ↘ Impfungen

Schönheit und Körperpflege

- ↗ Beruhigendes Bad
- ↘ Saunabad
- ↘ Salben herstellen
- ↘ Haare schneiden
- ↘ Haare waschen

Haushalt und Zimmerpflanzen

- ↗ Zimmerpflanzen gießen
- ↗ Zimmerpflanzen düngen
- ↘ Backen
- ↘ Konservieren, einlagern, abfüllen sowie verstauen

Garten und Landwirtschaft

- ↗ Pflanzen düngen und bewässern
- ↗ Mist oder Jauche ausfahren
- ↗ Das Abstillen von Jungtieren beenden
- ↗ Quellen suchen
- ↘ Obstbäume und -sträucher ausschneiden
- ↘ Säen und pflanzen
- ↘ Brennholz einschlagen, da es nicht gut brennen würde

Familie und Partnerschaft

- ↗ Passende Gelegenheiten, den Partner zu verwöhnen und zu umsorgen
- ↗ Besonders geeigneter Termin für kunstgewerbliche Tätigkeiten
- ↗ Guter Zeitpunkt, um Familienangelegenheiten zu regeln

Beruf und Karriere

- ↗ Besondere Ausprägung von Kommunikationsfähigkeit und Vorstellungsvermögen
- ↗ Gute Bedingungen für Versteigerungen
- ↘ Neigung zu Launenhaftigkeit, Melancholie und Trägheit

Abnehmender Mond im Krebs

Allgemeine Tagestendenz Dominanz des Gefühls
Erhöhte Aktivität und Kraftentfaltung | Möglichkeit, Unerwünschtes zu entfernen
Abgeben des Körpers, Einatmen der Erde | Stärkeres Feuchtigkeitsempfinden

Gesundheit und Ernährung

- ↗ Besondere Aufmerksamkeit für Lunge, Magen, Galle, Leber
- ↗ Entschlackungs- und Schlankheitskuren
- ↗ Brennnesseltee zur Blutreinigung trinken
- ↗ Warzen entfernen
- ↗ Hühneraugen entfernen
- ↗ Zahnbehandlungen
- ↗ Besonders gute Verwertung von Kohlenhydraten – aber Vorsicht bei Allergien!
- ↗ Gemüse des Tages: Blattgemüse, Salat

Schönheit und Körperpflege

- ↗ Tiefenreinigung der Haut
- ↗ Entspannende Massagen
- ↗ Beruhigendes Bad
- ↗ Kräuterkissen herstellen
- ↘ Haare waschen
- ↘ Haare schneiden

Haushalt und Zimmerpflanzen

- ↗ Wäsche waschen
- ↗ Porzellan und Metalle reinigen
- ↗ Schuhe putzen
- ↗ Chemische Reinigung
- ↗ Zimmerpflanzen gießen und düngen
- ↗ Die nötigen Wasserinstallationen durchführen
- ↘ Konservieren, einlagern, abfüllen, verstauen
- ↘ Schimmelflecken beseitigen
- ↘ Backen

Garten und Landwirtschaft

- ↗ Kohl und Kopfsalat säen bzw. setzen
- ↗ Pflanzen düngen, wässern
- ↗ Schädlingsbekämpfung oberirdisch
- ↗ Schneiden, was langsam nachwachsen soll
- ↗ Brücken- und Bootsholz einschlagen
- ↗ Obstgehölze auslichten
- ↘ Setzen bzw. säen, was hochwachsen soll

Familie und Partnerschaft

- ↗ Passende Gelegenheiten, den Partner zu verwöhnen und zu umsorgen
- ↗ Besonders angenehme Stimmung bei einem Essen zu zweit
- ↗ Guter Zeitpunkt, um Familienangelegenheiten zu regeln

Beruf und Karriere

- ↗ Besondere Ausprägung von Kommunikationsfähigkeit und Vorstellungsvermögen
- ↘ Neigung zu Launenhaftigkeit

An Löwetagen

Die allgemeine Tendenz des Tages Mit Mut voran! Selbstbewusstsein und Kreativität sind ziemlich groß – der Wunsch nach Selbstdarstellung ebenfalls. Es besteht die Gefahr der Überheblichkeit. Das Tierkreiszeichen Löwe ist dem Element Feuer zugeordnet. Das bedeutet dann:

Für das Wetter Löwetage haben einen warmen Grundcharakter, auch wenn der Himmel bewölkt ist. An heißen Sommertagen herrscht allerdings verstärkte Gewitterneigung. Danach besteht die Gefahr von Überflutungen.

Für die Gesundheit Der Kreislauf ist angeregt und verträgt (bei gesunden Menschen) größere körperliche Belastungen. Allerdings muss mit dem verstärkten Auftreten von nervöser Unruhe gerechnet werden – vor allem bei zunehmendem Mond und bei Vollmond.

Für die Ernährung An Löwetagen hat Eiweiß eine besondere Qualität. Es empfiehlt sich, an diesen Tagen eiweißreiche Kost mit viel frischem Obst und Fruchtgemüse zu kombinieren sowie reichlich Flüssigkeit zu sich zu nehmen.

Für Arbeiten in Haus und Wohnung Löwetage sind für viele Arbeiten im Haus geeignet, für Reparaturen allerdings weniger. Es empfiehlt sich vor allem, die Wohnräume und den Keller zu lüften.

Für Garten und Landwirtschaft An Löwetagen sind unterschiedlichste Aktivitäten im Garten und auf dem Feld möglich. Das Düngen von Pflanzen ist aber eher ungeeignet.

Für Familie und Partnerschaft Eine romantische Grundstimmung prägt den Tag. Die Zeit ist gut für Flirts und Eroberungen. Leidenschaft und Zärtlichkeit halten sich die Waage. Doch Vorsicht – auch die Eifersucht ist natürlich schnell geweckt!

Für Hobbys und Freizeit Dieser Tag sollte der Musik gewidmet sein – z. B. dem Besuch eines Konzerts oder einer Oper. Aber auch ein Fest mit Freunden oder ein Familienbesuch verläuft angenehm.

Für Beruf und Geldangelegenheiten Diese Tage sind günstig für alle kreativen Arbeiten, z. B. die Ausarbeitung von Projektstudien und Analysen. Auch künstlerische Aktivitäten sind ziemlich erfolgreich.

Löwe

Mond Absteigend
Element Feuer
Pflanzenteil Frucht
Nahrung Eiweiß
Witterungsqualität Wärme
Körper Rücken, Herz, Kreislauf und Blutdruck
Organsystem Sinnesorgane

Neumond im Löwen

Allgemeine Tagestendenz Mit Mut voran
Planen und Vorsätze fassen | Neues beginnen | Häufiger Wetterumschwung
Stärkeres Wärmeempfinden

Gesundheit und Ernährung

- ↗ Besondere Aufmerksamkeit für Herz und Kreislauf
- ↗ Schlechte Gewohnheiten aufgeben
- ↗ Fasttag zur Entschlackung und Reinigung einlegen
- ↗ Besonders gute Verwertung von Eiweiß – aber Vorsicht bei Allergien!
- ↗ Gemüse des Tages: Rote Gemüse und rote Früchte, Hülsenfrüchte, Zucchini und Auberginen
- ↘ Körperliche Überanstrengung
- ↘ Leistungssport

Schönheit und Körperpflege

- ↗ Haare schneiden
- ↗ Wecken von Lust und Leidenschaft durch ein aphrodisisches Bad
- ↗ Heilkräuter (Früchte) sammeln und gleich anwenden

Haushalt und Zimmerpflanzen

- ↗ Passender Termin, um eine Wohnung neu zu beziehen
- ↗ Butter zubereiten
- ↗ Ausgiebig lüften
- ↗ Einfrieren von Obst und Fruchtpflanzen
- ↘ Backen
- ↘ Fett unbeaufsichtigt erhitzen

Garten und Landwirtschaft

- ↗ Bei kranken Gehölzen die Spitzen zurückschneiden
- ↗ Haustiere kastrieren
- ↗ Gartenzaun setzen oder reparieren
- ↗ Einschlagen von Pfosten
- ↘ Säen bzw. pflanzen
- ↘ Unkraut jäten
- ↘ Entwöhnen von Jungtieren
- ↘ Stall neu beziehen

Familie und Partnerschaft

- ↗ Liebe und Leidenschaft – starke Gefühle beherrschen die Partnerschaft
- ↗ Guter Zeitpunkt für ein Fest, einen Opernbesuch oder andere musikalische Darbietungen
- ↗ Turbulente Familienbesuche

Beruf und Karriere

- ↗ Dominanz von Selbstvertrauen und Durchsetzungskraft
- ↗ Gute Ergebnisse bei Verkäufen und Versteigerungen
- ↘ Neigung zu Rechthaberei, Arroganz und Spekulationen

Zunehmender Mond im Löwen

Allgemeine Tagestendenz Mit Mut voran
Aufnehmen des Körpers, Abgeben der Erde | Aufbauen, stärken, regenerieren
Zunehmendes Selbstbewusstsein | Stärkeres Wärmeempfinden

Gesundheit und Ernährung

- ↗ Besondere Aufmerksamkeit für Herz und Kreislauf
- ↗ Starke Wirkung von Medikamenten – aber Dosierung genau beachten!
- ↗ Sehr gute Verwertung von Eiweiß – aber Vorsicht bei Allergien!
- ↗ Gemüse des Tages: Rote Gemüse und rote Früchte, Hülsenfrüchte, Zucchini und Auberginen
- ↘ Stärkere körperliche Anstrengungen
- ↘ Verstärkt auftretende Schlafstörungen
- ↘ Chirurgische Eingriffe, die nicht unbedingt erforderlich sind
- ↘ Impfungen

Schönheit und Körperpflege

- ↗ Haare schneiden, wenn sie schnell nachwachsen sollen
- ↗ Heilkräuter (Früchte) sammeln
- ↘ Sonnenbad

Haushalt und Zimmerpflanzen

- ↗ Die Wohnung ausgiebig lüften
- ↗ Einfrieren von Obst und anderen Lebensmitteln
- ↗ Marmelade kochen
- ↗ Kuchen backen
- ↗ Butter zubereiten
- ↘ Fett unbeaufsichtigt erhitzen
- ↘ Pflanzen düngen

Garten und Landwirtschaft

- ↗ Getreide anbauen
- ↗ Obstbäume veredeln
- ↗ Komposthaufen feststampfen
- ↗ Fruchtgemüse säen bzw. setzen
- ↗ Rasen ansäen
- ↘ Pflanzen düngen
- ↘ Unkraut jäten
- ↘ Brennholz fällen, da es nicht gut brennen würde
- ↘ Quellen suchen

Familie und Partnerschaft

- ↗ Liebe und Leidenschaft – starke Gefühle beherrschen die Partnerschaft
- ↗ Guter Zeitpunkt für ein Fest, einen Opernbesuch oder andere musikalische Darbietungen
- ↗ Turbulente Erlebnisse beim Besuch von Verwandten oder Freunden
- ↘ Eifersucht und Misstrauen – negative Gefühle belasten die Partnerschaft

Beruf und Karriere

- ↗ Dominanz von Selbstvertrauen und Durchsetzungskraft
- ↗ Gute Ergebnisse bei Versteigerungen
- ↗ Große Kreativität
- ↘ Neigung zu Rechthaberei, Arroganz und Spekulationen

Vollmond im Löwen

Allgemeine Tagestendenz **Mit Mut voran**
Unruhe, starke seelische Einflüsse | Besonders starkes Aufnehmen des Körpers, Ausatmen der Erde | Häufiger Wetterumschwung | Stärkeres Wärmeempfinden

Gesundheit und Ernährung

- ↗ Besondere Aufmerksamkeit für Herz und Kreislauf
- ↗ Sehr gute Verwertung von Eiweiß – aber Vorsicht bei Allergien!
- ↗ Gemüse des Tages: Rote Gemüse und rote Früchte, Hülsenfrüchte, Zucchini und Auberginen
- ↘ Verstärkt auftretende innere Unruhe und Schlaflosigkeit
- ↘ Körperliche Anstrengungen bei Herz- und Kreislaufproblemen
- ↘ Chirurgische Eingriffe, die nicht unbedingt erforderlich sind
- ↘ Impfungen

Schönheit und Körperpflege

- ↗ Haare schneiden
- ↗ Wecken von Gefühlen und Leidenschaften durch ein aphrodisisches Bad
- ↗ Kräutersalben herstellen, aber erst am nächsten Tag abfüllen
- ↘ Sonnenbad

Haushalt und Zimmerpflanzen

- ↗ Wohnung lüften
- ↗ Butter zubereiten
- ↘ Pflanzen düngen
- ↘ Besonders hohe Erhitzung von Fett – deshalb Brandgefahr!

Garten und Landwirtschaft

- ↗ Das Abstillen von Jungtieren beenden
- ↘ Bäume pflanzen
- ↘ Pflanzen düngen
- ↘ Unkraut jäten
- ↘ Quellen suchen

Familie und Partnerschaft

- ↗ Liebe und Leidenschaft – starke Gefühle beherrschen die Partnerschaft
- ↗ Guter Zeitpunkt für ein Fest, einen Opernbesuch oder andere musikalische Darbietungen
- ↗ Turbulenter Familienbesuch
- ↘ Eifersucht und Misstrauen – negative Gefühle belasten die Partnerschaft

Beruf und Karriere

- ↗ Dominanz von Selbstvertrauen und Durchsetzungskraft
- ↗ Gute Ergebnisse bei sämtlichen kreativen Arbeiten
- ↘ Neigung zu Rechthaberei, Arroganz und Spekulationen

Abnehmender Mond im Löwen

Allgemeine Tagestendenz Mit Mut voran
Erhöhte Aktivität und Kraftentfaltung | Möglichkeit, Unerwünschtes zu entfernen
Abgeben des Körpers, Einatmen der Erde | Stärkeres Wärmeempfinden

Gesundheit und Ernährung

- ↗ Besondere Aufmerksamkeit für Herz und Kreislauf
- ↗ Brennnesseltee zur Blutreinigung und Entschlackung
- ↗ Zahnbehandlungen – am besten nach 14 Uhr, da dann noch weniger schmerzhaft
- ↗ Gemüse des Tages: Rote Gemüse und rote Früchte, Hülsenfrüchte, Zucchini und Auberginen
- ↘ Körperliche Anstrengungen bei Herz- oder Kreislaufproblemen

Schönheit und Körperpflege

- ↗ Haare schneiden, wenn sie besonders kräftig nachwachsen sollen
- ↗ Tiefenreinigung der Haut
- ↗ Entspannende Massagen
- ↗ Aphrodisisches Bad
- ↗ Heilkräuter (Früchte) sammeln
- ↗ Kräuterkissen herstellen

Haushalt und Zimmerpflanzen

- ↗ Kellerregale reinigen
- ↗ Porzellan und Metalle reinigen
- ↗ Chemische Reinigung
- ↗ Lüften
- ↗ Einfrieren von Früchten
- ↗ Brot backen
- ↗ Butter zubereiten
- ↘ Fett unbeaufsichtigt erhitzen

Garten und Landwirtschaft

- ↗ Obstgehölze schneiden
- ↗ Heustock ansetzen
- ↗ Ernten, was getrocknet werden soll
- ↗ Laufplatten legen
- ↘ Kunstdünger ausbringen
- ↘ Rasen mähen

Familie und Partnerschaft

- ↗ Guter Zeitpunkt für ein Fest, einen Opernbesuch oder andere musikalische Darbietungen
- ↗ Turbulente Erlebnisse beim Besuch von Verwandten oder Freunden

Beruf und Karriere

- ↗ Dominanz von Selbstvertrauen und Durchsetzungskraft
- ↗ Gute Ergebnisse bei sämtlichen kreativen Arbeiten
- ↘ Neigung zu Rechthaberei, Arroganz und Spekulationen
- ↘ Neues beginnen

An Jungfrautagen

Die allgemeine Tendenz des Tages Ordnung und Sicherheit. Die unbedingte Pflichterfüllung steht bei der Erledigung der Aufgaben an erster Stelle, dazu kommen Verantwortungsbewusstsein und die Sorge um die eigene Gesundheit. Das Tierkreiszeichen Jungfrau ist dem Element Erde zugeordnet. Das bedeutet dann:

Für das Wetter Jungfrautage sind Kältetage. Auch bei warmer Grundstimmung bleibt vor allem der Erdboden relativ kühl. Bei aufziehender Bewölkung bzw. am Abend kühlt sich auch die Luft schnell ab.

Für die Gesundheit Verdauungsprobleme machen sich an Jungfrautagen stärker bemerkbar; deshalb sollte man auf schwere, fettreiche Kost besser verzichten. Diese Tage sind besonders günstig, um bei abnehmendem Mond Diät zu halten oder an Neumond einen Fasttag einzulegen.

Für die Ernährung An Jungfrautagen hat Salz eine besondere Qualität. Salzreiche Nahrung sollte mit Vorsicht genossen werden, obwohl ein größeres Verlangen danach besteht.

Jungfrau

Mond Absteigend
Element Erde
Pflanzenteil Wurzel
Nahrung Salz
Witterungsqualität Kälte
Körper Stoffwechsel, Verdauung, Bauchspeicheldrüse, Milz
Organsystem Blutkreislauf

Für Arbeiten in Haus und Wohnung Jungfrautage sind vor allem für das Konservieren bzw. Einlagern von Obst und Gemüse ungünstig, da Schimmelgefahr besteht. Außerdem sollte man jetzt die Zimmer nur kurz lüften.

Für Garten und Landwirtschaft Jungfrautage sind gute Arbeitstage im Garten und auf dem Feld. Viele Pflanz-, Schnitt- und Pflegearbeiten gelingen besonders gut. Nur Kopfsalat sollte man nicht säen.

Für Familie und Partnerschaft Die Gefühle »schweigen«, die kritische Distanz überwiegt. Keine besonders gute Zeit für vertrauensvolle Gespräche und für die Lösung von Krisen.

Für Hobbys und Freizeit An Jungfrautagen empfindet man ganz besonders, dass die Balance von Körper und Seele sehr wichtig ist. Deshalb empfiehlt es sich, dem Körper etwas Gutes zu tun und die Seele baumeln zu lassen! Die Zeit ist auch günstig für die Erledigung der privaten Korrespondenz.

Für Beruf und Geldangelegenheiten Jungfrautage sind günstig für Geschäftstreffen, Behördenangelegenheiten und die Regelung von finanziellen Dingen.

Neumond in der Jungfrau

Allgemeine Tagestendenz Sorgfältiges Prüfen, vorsichtiges Entscheiden
Planen und Vorsätze fassen | Neues beginnen | Häufiger Wetterumschwung
Stärkeres Kälteempfinden

Gesundheit und Ernährung

- ↗ Besonders große Aufmerksamkeit für die Verdauung
- ↗ Passender Termin für den Beginn von Kuren und Rehabilitationsmaßnahmen
- ↗ Fasttag zur Entschlackung und Entgiftung einlegen
- ↗ Besonders gute Verwertung von Salzen – aber Vorsicht bei hohem Blutdruck!
- ↗ Gemüse des Tages: Zwiebeln, Kartoffeln und Lauch
- ↗ Heilendes Bad
- ↘ Körperliche Belastung
- ↘ Leistungssport
- ↘ Schwere, fettreiche Speisen
- ↘ Chirurgischer Eingriff, der zu vermeiden ist

Schönheit und Körperpflege

- ↗ Haare schneiden
- ↗ Dauerwelle legen
- ↗ Heilkräuter (Wurzeln) sammeln und anwenden

Haushalt und Zimmerpflanzen

- ↗ Fußböden trocken reinigen
- ↗ Staub wischen
- ↘ Backen, da der Teig heute nicht richtig aufgehen würde
- ↘ Einkochen, einlagern, konservieren

Garten und Landwirtschaft

- ↗ Haustiere kastrieren
- ↗ Kranke Gehölze zurückschneiden
- ↗ Gartenzaun setzen bzw. reparieren
- ↗ Stecklinge setzen
- ↘ Säen bzw. pflanzen
- ↘ Brennholz einschlagen, da es nicht gut brennen würde

Familie und Partnerschaft

- ↗ Zurückhaltung
- ↗ Guter Zeitpunkt für einen Ausflug
- ↘ Kritik und Auseinandersetzung, da die Familiensituation beeinträchtigt werden könnte

Beruf und Karriere

- ↗ Gute Bedingungen für die Erledigung von Rechtsangelegenheiten
- ↗ Begünstigter Zeitpunkt für dringende Behördengänge
- ↗ Gute Abschlüsse bei Verkäufen und Versteigerungen möglich
- ↗ Gute Bedingungen für Geldanlagen und Kredite

Zunehmender Mond in der Jungfrau

Allgemeine Tagestendenz **Sorgfältiges Prüfen, vorsichtiges Entscheiden**
Aufnehmen des Körpers, Abgeben der Erde | Aufbauen, stärken, regenerieren
Zunehmendes Selbstbewusstsein | Stärkeres Kälteempfinden

Gesundheit und Ernährung

- ↗ Besonders große Aufmerksamkeit für die Verdauung
- ↗ Passender Termin für den Beginn von Kuren und Rehabilitationsmaßnahmen
- ↗ Besonders gute Verwertung von Salzen – aber Vorsicht bei hohem Blutdruck!
- ↗ Heilendes Bad
- ↗ Gemüse des Tages: Zwiebeln, Kartoffeln und Lauch
- ↘ Operationen in den Bereichen Verdauungsorgane und Nervensystem
- ↘ Beginn einer Diät
- ↘ Schwere, fettreiche Speisen
- ↘ Impfungen

Schönheit und Körperpflege

- ↗ Kräftigende Massagen
- ↗ Eingewachsene Nägel korrigieren
- ↘ Heilkräuter (Früchte) sammeln

Haushalt und Zimmerpflanzen

- ↗ Fußböden trocken reinigen
- ↗ Zimmerpflanzen umtopfen
- ↘ Einkochen, einlagern, konservieren
- ↘ Pflanzen düngen
- ↘ Wohnräume zu lange lüften

Garten und Landwirtschaft

- ↗ Komposthaufen feststampfen
- ↗ Rasen säen
- ↗ Bäume, Hecken pflanzen
- ↗ Verpflanzen alter Bäume (im Herbst)
- ↗ Pflanzen (Geranien) umtopfen
- ↗ Stecklinge setzen
- ↘ Pflanzen düngen
- ↘ Kopfsalat pflanzen bzw. säen
- ↘ Wiesen düngen, da das Vieh das Gras und Heu nicht fressen würde
- ↘ Boden umgraben

Familie und Partnerschaft

- ↗ Zurückhaltung
- ↗ Guter Zeitpunkt für einen Ausflug
- ↗ Ausruhen
- ↘ Kritik und Auseinandersetzung, da die Familiensituation beeinträchtigt werden könnte

Beruf und Karriere

- ↗ Lernen
- ↗ Gute Bedingungen für die Erledigung von Rechtsangelegenheiten
- ↗ Begünstigter Zeitpunkt für dringende Behördengänge
- ↗ Gute Abschlüsse bei Verkäufen möglich
- ↗ Sehr gute Bedingungen für Geldanlagen und Kredite

Vollmond in der Jungfrau

Allgemeine Tagestendenz **Sorgfältiges Prüfen, vorsichtiges Entscheiden**
Unruhe, starke seelische Einflüsse | Besonders starkes Aufnehmen des Körpers, Ausatmen der Erde | Häufiger Wetterumschwung | Stärkeres Kälteempfinden

Gesundheit und Ernährung

- ↗ Besonders große Aufmerksamkeit für die Verdauung
- ↗ Heilendes Bad
- ↗ Besonders gute Verwertung von Salzen – aber Vorsicht bei hohem Blutdruck!
- ↗ Gemüse des Tages: Zwiebeln, Kartoffeln und Lauch
- ↘ Schwere, fettreiche Speisen
- ↘ Operative Eingriffe, die nicht unbedingt erforderlich sind
- ↘ Zahnbehandlungen
- ↘ Impfungen

Schönheit und Körperpflege

- ↗ Haare schneiden
- ↗ Dauerwelle legen
- ↗ Heilkräuter (Wurzeln) sammeln und anwenden
- ↘ Haare tönen bzw. färben
- ↘ Heilsalben herstellen

Haushalt und Zimmerpflanzen

- ↗ Wohnung kurz lüften
- ↗ Fußböden trocken reinigen
- ↘ Einlagern bzw. Konservieren von Obst und Gemüse, da Schimmelgefahr besteht

Garten und Landwirtschaft

- ↗ Kompost- und Misthaufen ansetzen
- ↗ Zwischendüngung bei Pflanzen, die nur schwach wurzeln
- ↗ Wurzelschädlinge bekämpfen
- ↗ Stecklinge setzen
- ↘ Bäume und Gehölze schneiden
- ↘ Trocknen von Erntegut
- ↘ Säen bzw. Pflanzen

Familie und Partnerschaft

- ↗ Zurückhaltung
- ↗ Guter Zeitpunkt für einen Ausflug
- ↘ Kritik und Auseinandersetzung, da die Familiensituation beeinträchtigt werden könnte

Beruf und Karriere

- ↗ Lernen
- ↗ Geschäftsreise planen
- ↘ Schlechte Bedingungen für Geldanlagen und Kredite

Abnehmender Mond in der Jungfrau

Allgemeine Tagestendenz **Sorgfältiges Prüfen, vorsichtiges Entscheiden**
Erhöhte Aktivität und Kraftentfaltung | Möglichkeit, Unerwünschtes zu entfernen
Abgeben des Körpers, Einatmen der Erde | Stärkeres Kälteempfinden

Gesundheit und Ernährung

- ↗ Besonders große Aufmerksamkeit für die Verdauung
- ↗ Eine Diät durchführen
- ↗ Besonders gute Verwertung von Salzen – aber Vorsicht bei hohem Blutdruck!
- ↗ Gemüse des Tages: Zwiebeln, Kartoffeln und Lauch
- ↗ Heilendes Bad
- ↘ Schwere, fettreiche Kost
- ↘ Weniger günstige Zeit für Kuren und Rehabilitationsmaßnahmen
- ↘ Operationen in den Bereichen Verdauungsorgane und Nervensystem

Schönheit und Körperpflege

- ↗ Haare schneiden
- ↗ Dauerwelle legen
- ↗ Heilkräuter (Wurzeln) sammeln und anwenden
- ↘ Haare tönen bzw. färben

Haushalt und Zimmerpflanzen

- ↗ Wohnung kurz lüften
- ↗ Fußböden trocken reinigen
- ↗ Zimmerpflanzen umtopfen
- ↘ Salben herstellen
- ↘ Einkochen, einlagern, konservieren

Garten und Landwirtschaft

- ↗ Kompost an- oder umsetzen
- ↗ Wurzelgemüse säen bzw. setzen, Kartoffeln legen
- ↗ Schädlingsbekämpfung im Boden
- ↗ Pflanzen (Geranien) umtopfen
- ↗ Heustock ansetzen
- ↗ Ernten, was getrocknet werden soll
- ↗ Stecklinge setzen
- ↗ Mist ausfahren
- ↗ Gartenzäune setzen bzw. reparieren
- ↗ Laufplatten legen
- ↘ Blumen säen
- ↘ Bäume, Hecken pflanzen
- ↘ Brennholz fällen

Familie und Partnerschaft

- ↗ Zurückhaltung
- ↗ Entspannen
- ↘ Kritik und Auseinandersetzung, da die Familiensituation beeinträchtigt werden könnte

Beruf und Karriere

- ↗ Passender Termin für eine Bewerbung
- ↗ Begünstigter Zeitpunkt für dringende Behördengänge
- ↗ Gute Bedingungen für die Erledigung von Rechtsangelegenheiten
- ↗ Gute Bedingungen für Geldanlagen und Kredite

An Waagetagen

Die allgemeine Tendenz des Tages Keine schnellen Entschlüsse fassen. Der Wunsch nach Harmonie ist besonders stark, ebenso die Freude auf Begegnungen mit neuen Menschen und Situationen. Die Partnerbeziehung steht im Vordergrund der Aufmerksamkeit. Das Tierkreiszeichen Waage ist dem Element Luft zugeordnet. Das bedeutet dann:

Für das Wetter An Waagetagen ist der Lichteinfall – auch bei bedecktem Himmel – verhältnismäßig stark. Außerdem herrscht eine Neigung zu geringer Luftfeuchtigkeit vor.

Für die Gesundheit Während dieser Tage muss man sich vor Unterkühlung in Acht nehmen, da die Gefahr einer Blasenentzündung besonders groß ist. Nachmittags sollte man reichlich trinken, um Nieren und Blase durchzuspülen.

Für die Ernährung An Waagetagen hat Fett eine besondere Qualität; deshalb wird fettreiche Nahrung auch gut vertragen. Im Falle von Übergewicht sollte man bei zunehmendem Mond aber vorsichtig sein, weil Fett dann leicht ansetzt.

Für Arbeiten in Haus und Wohnung Waagetage sind Lufttage und deshalb bei abnehmendem Mond für die meisten Reinigungsarbeiten besonders geeignet. Zudem kann die Wohnung nun ausgiebig gelüftet werden.

Für Garten und Landwirtschaft Waagetage sind für Arbeiten auf dem Feld und im Garten nicht übermäßig geeignet. Man kann aber beispielsweise Blumen und blühende Heilkräuter pflanzen bzw. säen. Auch der Viehauftrieb auf die Weide ist begünstigt.

Für Familie und Partnerschaft Liebe und Partnerschaft stehen jetzt ganz vorn auf der Interessenliste. Es ist vor allem die Zeit für romantische Verführungen. Aber auch das Schließen und Pflegen von Bekanntschaften ganz allgemein steht nun unter einem ganz besonderen Stern.

Für Hobbys und Freizeit Diese Tage sind sehr passend für einen Theater- bzw. Konzertbesuch, einen Opernabend oder eine Ballettvorführung. Auch für Mode- und Stilfragen hat man jetzt ein besonderes Interesse.

Für Beruf und Geldangelegenheiten Begünstigt sind u. a. alle Tätigkeiten, die guten künstlerischen Geschmack und besonderes Geschick voraussetzen.

Waage

Mond Absteigend
Element Luft
Pflanzenteil Blüte
Nahrung Fett
Witterungsqualität Licht
Körper Hüfte, Nieren, Blase
Organsystem Drüsen

Neumond in der Waage

Allgemeine Tagestendenz Mangelnde Entschlusskraft
Planen und Vorsätze fassen | Neues beginnen | Häufiger Wetterumschwung
Stärkeres Helligkeitsempfinden

Gesundheit und Ernährung

- ↗ Besondere Aufmerksamkeit für Hüfte, Nieren, Blase
- ↗ Reichlich trinken
- ↗ Fasttag zur Entschlackung und Reinigung einlegen
- ↗ Schlechte Gewohnheiten aufgeben
- ↗ Besonders gute Verwertung von Fett – aber Vorsicht bei Stoffwechselproblemen!
- ↗ Gemüse des Tages: Brokkoli, Artischocken
- ↘ Körperliche Überanstrengung – deshalb nach Möglichkeit vermeiden!

Garten und Landwirtschaft

- ↗ Kranke Gehölze zurückschneiden
- ↗ Haustiere kastrieren
- ↗ Viehaustrieb auf die Weide
- ↗ Gartenzaun setzen bzw. reparieren
- ↗ Pfosten setzen
- ↗ Bauholz einschlagen, da es nahezu unbrennbar ist
- ↘ Säen bzw. pflanzen, da das Wachstum verzögert wäre
- ↘ Stall neu beziehen
- ↘ Pflanzen wässern

Schönheit und Körperpflege

- ↗ Überwindung von körperlicher und geistiger Trägheit durch ein anregendes Bad
- ↗ Haare waschen
- ↗ Kräuterkissen herstellen
- ↘ Aufbauende Hautpflege

Familie und Partnerschaft

- ↗ Prägung der Partnerbeziehung durch Harmonie und eine sehr romantische Grundstimmung
- ↗ Opern- oder Konzertbesuch
- ↗ Bastelarbeiten mit den Kindern

Haushalt und Zimmerpflanzen

- ↗ Passender Termin, um eine Wohnung neu zu beziehen
- ↗ Umräumen, um Platz für die neue Einrichtung zu schaffen
- ↗ Ungezieferbekämpfung in Haus oder Wohnung
- ↘ Backen, da der Teig nicht richtig aufgeht
- ↘ Zimmerpflanzen gießen

Beruf und Karriere

- ↗ Die Möglichkeit guter Ergebnisse bei Versteigerungen
- ↗ Kreative Tätigkeiten
- ↗ Geschäftliche Kontakte pflegen
- ↘ Neigung zur Vernachlässigung von Routinearbeiten

Zunehmender Mond in der Waage

Allgemeine Tagestendenz Mangelnde Entschlusskraft
Aufnehmen des Körpers, Abgeben der Erde | Aufbauen, stärken, regenerieren
Zunehmendes Selbstbewusstsein | Stärkeres Helligkeitsempfinden

Gesundheit und Ernährung

- ↗ Besondere Aufmerksamkeit für Hüfte, Nieren, Blase
- ↗ Besonders gute Aufnahme und stärkere Wirkung von Medikamenten, Vitaminen und Nährstoffen
- ↗ Förderung von Durchblutung und Muskelaufbau durch kräftigende Massagen
- ↗ Besonders gute Verwertung von Fett – aber Vorsicht bei Stoffwechselproblemen!
- ↗ Gemüse des Tages: Brokkoli, Artischocken
- ↘ Besondere Gefahr von Nieren- und Blasenstörungen – deshalb vor allem nachmittags viel trinken!
- ↘ Chirurgische Eingriffe
- ↘ Zähneziehen und Kieferoperationen
- ↘ Füllungen, Kronen, Brücken einsetzen

Schönheit und Körperpflege

- ↗ Überwindung von körperlicher und geistiger Trägheit durch ein anregendes Bad
- ↗ Eingewachsene Nägel korrigieren
- ↗ Heilkräuter (Blüten) sammeln
- ↘ Tiefenreinigung der Haut

Haushalt und Zimmerpflanzen

- ↗ Die Wohnung lüften
- ↗ Blumen für die Vase pflücken
- ↗ Kuchen backen
- ↘ Zimmerpflanzen gießen

Garten und Landwirtschaft

- ↗ Säen bzw. Pflanzen von Blumen, Heilkräutern und Brokkoli
- ↗ Komposthaufen feststampfen
- ↗ Laubbäume aussäen
- ↗ Viehaustrieb auf die Weide
- ↘ Wiesen düngen
- ↘ Säen bzw. Pflanzen von Wurzelgemüse
- ↘ Brennholz einschlagen
- ↘ Gras zum Füttern mähen
- ↘ Quellen und Wasseradern suchen
- ↘ Pflanzen wässern

Familie und Partnerschaft

- ↗ Prägung der Partnerbeziehung durch Harmonie und eine sehr romantische Grundstimmung
- ↗ Opern- oder Konzertbesuch
- ↗ Bastelarbeiten mit den Kindern

Beruf und Karriere

- ↗ Verträge abschließen
- ↗ Kreative Tätigkeiten
- ↗ Geschäftliche Kontakte pflegen
- ↘ Neigung zur Vernachlässigung von Routinearbeiten

Vollmond in der Waage

Allgemeine Tagestendenz Mangelnde Entschlusskraft
Unruhe, starke seelische Einflüsse | Besonders starkes Aufnehmen des Körpers, Ausatmen der Erde | Häufiger Wetterumschwung | Stärkeres Helligkeitsempfinden

Gesundheit und Ernährung

- ↗ Besondere Aufmerksamkeit für Hüfte, Nieren, Blase
- ↗ Reichlich trinken
- ↗ Alle Maßnahmen zur Stärkung des Immunsystems
- ↗ Besonders gute Aufnahme von Fett – aber Vorsicht bei Stoffwechselproblemen!
- ↗ Gemüse des Tages: Brokkoli, Artischocken
- ↘ Operationen, die nicht unbedingt erforderlich sind

Schönheit und Körperpflege

- ↗ Überwindung von körperlicher und geistiger Trägheit durch ein anregendes Bad
- ↗ Besondere Wirksamkeit aller Maßnahmen zur Ernährung und Kräftigung der Haut
- ↗ Durchblutung und freie Atmung der Haut durch eine Bürstenmassage
- ↗ Heilkräuter (Blüten) sammeln
- ↗ Salben herstellen, aber erst am folgenden Tag abfüllen
- ↘ Körperhaare entfernen
- ↘ Trocknen, Abfüllen und Lagern von Heilkräutern

Haushalt und Zimmerpflanzen

- ↗ Besonderes Gelingen von lockerem und schmackhaftem Selbstgebackenem
- ↗ Blumen für die Vase pflücken
- ↘ Zimmerpflanzen gießen

Garten und Landwirtschaft

- ↗ Viehaustrieb auf die Weide
- ↗ Das Abstillen von Jungtieren beenden
- ↘ Ernten und einlagern
- ↘ Gehölze schneiden
- ↘ Quellen und Wasseradern suchen
- ↘ Pflanzen wässern

Familie und Partnerschaft

- ↗ Prägung der Partnerbeziehung durch Harmonie und eine romantische Grundstimmung
- ↗ Opern- oder Konzertbesuch
- ↗ Bastelarbeiten mit den Kindern

Beruf und Karriere

- ↗ Geschäftliche Kontakte pflegen
- ↗ Kreative Tätigkeiten
- ↘ Neigung zur Vernachlässigung von Routinearbeiten

Abnehmender Mond in der Waage

Allgemeine Tagestendenz Mangelnde Entschlusskraft
Erhöhte Aktivität und Kraftentfaltung | Möglichkeit, Unerwünschtes zu entfernen
Abgeben des Körpers, Einatmen der Erde | Stärkeres Helligkeitsempfinden

Gesundheit und Ernährung

- Besondere Aufmerksamkeit für Hüfte, Nieren, Blase
- Brennnesseltee zur Blutreinigung trinken
- Eingewachsene Nägel ziehen
- Warzen und Hühneraugen entfernen
- Chirurgische Eingriffe vornehmen lassen, außer in den Bereichen Nieren, Blase und Hüfte
- Besonders gute Verwertung von Fett – aber Vorsicht bei Stoffwechselproblemen!
- Gemüse des Tages: Brokkoli, Artischocken

Schönheit und Körperpflege

- Tiefenreinigung der Haut
- Haare waschen
- Nagelpflege
- Entspannende Massagen
- Anregendes Bad
- Kräuter (vor allem Blüten) trocknen

Haushalt und Zimmerpflanzen

- Reinigung der Obsthorden und Kellerregale für die Einlagerung von Erntefrüchten
- Holz- und Parkettfußböden wischen
- Schuhe putzen
- Schimmelbefall beseitigen
- Wohnung gut lüften
- Streich- und Lackierarbeiten durchführen
- ✗ Zimmerpflanzen gießen

Garten und Landwirtschaft

- Rosen düngen, anhäufeln
- Ernten, was getrocknet werden soll
- Heustock ansetzen
- Stallpflege und -reinigung
- Viehaustrieb auf die Weide
- Hartholz einschlagen
- ✗ Brennholz einschlagen
- ✗ Pflanzen wässern

Familie und Partnerschaft

- Prägung der Partnerbeziehung durch Harmonie und eine sehr romantische Grundstimmung
- Opern- oder Konzertbesuch
- Bastelarbeiten mit den Kindern

Beruf und Karriere

- Alle Arbeiten, für die man sehr viel Feingefühl benötigt
- Geschäftliche Kontakte pflegen
- Kreative Tätigkeiten

An Skorpiontagen

Die allgemeine Tendenz des Tages Mit der Seele suchen. Das Tierkreiszeichen setzt gewaltige emotionale Energien frei, die vor allem auch im sexuellen Bereich wirken. Tabus werden gebrochen – neue Erfahrungen (auch schmerzliche) werden gesucht. Das Tierkreiszeichen Skorpion ist dem Element Wasser zugeordnet. Das bedeutet dann:

Für das Wetter Skorpiontage sind Wassertage von besonders ausgeprägtem Charakter. Die Erde wird an diesen Tagen erfahrungsgemäß nie ganz trocken. Es besteht eine erhöhte Tendenz zu Niederschlägen.

Für die Gesundheit Bei Unterkühlung besteht die erhöhte Gefahr einer Harnwegsentzündung, besonders bei Frauen. Schwangere sollten an Skorpiontagen sehr aufmerksam sein – denn es herrscht eine gewisse Tendenz zu Fehlgeburten.

Für die Ernährung An den Skorpiontagen haben Kohlenhydrate eine besondere Qualität. Mehlspeisen und Kartoffeln schlagen beispielsweise ziemlich gut an und führen – vor allem in der Phase des zunehmenden Mondes – leicht zur Gewichtszunahme.

Skorpion

Mond Absteigend
Element Wasser
Pflanzenteil Blatt
Nahrung Kohlenhydrate
Witterungsqualität Feuchtigkeit
Körper Sexualorgane, Harnleiter
Organsystem Nerven

Für Arbeiten in Haus und Wohnung Skorpiontage sind bei abnehmendem Mond vor allem gute Termine für die große Wäsche und zur Entfernung besonders hartnäckiger Flecken.

Für Garten und Landwirtschaft Skorpiontage sind Blatttage. Deshalb sind sie günstig für das Säen oder Setzen von Blattgemüse und -kräutern, das Gießen bzw. Wässern sowie bei abnehmendem Mond auch für die Schneckenbekämpfung.

Für Familie und Partnerschaft Es herrscht eine ausgesprochen sinnliche Stimmung; sexuelle Kontakte sind leidenschaftlich und von nachhaltiger Wirkung. Als gegenläufige Tendenz kann leider Streit oft nicht vermieden werden.

Für Hobbys und Freizeit Diese Tage sind besonders geeignet, um zu träumen und durch Meditation den Weg zur eigenen Mitte zu finden.

Für Beruf und Geldangelegenheiten Zu dieser Zeit sind geschäftliche Besprechungen, Werbemaßnahmen und vor allem die Planung neuer Projekte begünstigt.

Neumond im Skorpion

Allgemeine Tagestendenz Seelische Suche
Planen und Vorsätze fassen | Neues beginnen | Häufiger Wetterumschwung
Stärkeres Feuchtigkeitsempfinden

Gesundheit und Ernährung

- ↗ Besonderes Augenmerk auf die Harnwege richten
- ↗ Schlechte Gewohnheiten, z. B. das Rauchen, aufgeben
- ↗ Fasttag zur Entschlackung und Reinigung einlegen
- ↗ Schonung bei Schwangerschaft
- ↗ Sitzbäder bei Unterleibsbeschwerden
- ↗ Besonders gute Verwertung von Kohlenhydraten – aber Vorsicht bei Allergien und Übergewicht!
- ↗ Gemüse des Tages: Blattgemüse, Salat
- ↘ Unterkühlung – deshalb nach Möglichkeit vermeiden, da die Gefahr einer Blasenentzündung besteht!
- ↘ Körperliche Überanstrengung

Schönheit und Körperpflege

- ↗ Beruhigendes Bad
- ↗ Entspannungsübungen
- ↗ Pflege von Finger- und Fußnägeln
- ↘ Blütenkräuter sammeln

Haushalt und Zimmerpflanzen

- ↗ Passender Zeitpunkt, um eine Wohnung neu zu beziehen
- ↗ Ungeziefer bekämpfen
- ↗ Zimmerpflanzen gießen
- ↘ Butter zubereiten
- ↘ Backen

Garten und Landwirtschaft

- ↗ Flächen zur Pflanzung vorbereiten
- ↗ Pflanzen gießen bzw. wässern
- ↗ Kranke Gehölze zurückschneiden
- ↗ Gartenzäune setzen oder reparieren
- ↗ Haustiere kastrieren
- ↘ Säen bzw. pflanzen
- ↘ Stall neu beziehen

Familie und Partnerschaft

- ↗ Besonders sinnliche Stimmung in der Partnerschaft
- ↗ Passende Gelegenheit für den Einkauf von Garderobe
- ↘ Neigung zu eigenwilligem Verhalten und Eifersucht

Beruf und Karriere

- ↗ Guter Termin für Nachforschungen, Umfragen und die Planung von neuen Projekten
- ↗ Besonders großer Erfolg von Werbemaßnahmen

Zunehmender Mond im Skorpion

Allgemeine Tagestendenz Seelische Suche
Aufnehmen des Körpers, Abgeben der Erde | Aufbauen, stärken, regenerieren
Zunehmendes Selbstbewusstsein | Stärkeres Feuchtigkeitsempfinden

Gesundheit und Ernährung

- ↗ Besonderes Augenmerk auf die Harnwege richten
- ↗ Besondere Wirkung von Medikamenten und Stärkungsmitteln
- ↗ Schonung bei Schwangerschaft
- ↗ Sitzbäder bei Unterleibsbeschwerden
- ↗ Besonders gute Verwertung von Kohlenhydraten – aber Vorsicht bei Allergien und Übergewicht!
- ↗ Gemüse des Tages: Blattgemüse, Salat
- ↘ Operationen, vor allem im Unterleibsbereich
- ↘ Impfungen
- ↘ Unterkühlung – deshalb nach Möglichkeit vermeiden, da die Gefahr einer Blasenentzündung besteht!

Schönheit und Körperpflege

- ↗ Kräftigende Massagen
- ↗ Schönheitsbad
- ↗ Eingewachsene Nägel korrigieren
- ↗ Heilkräuter (Blätter) sammeln und anwenden
- ↘ Kräutersalben herstellen und abfüllen
- ↘ Kräuterkissen herstellen

Haushalt und Zimmerpflanzen

- ↗ Wasserinstallationsarbeiten durchführen
- ↗ Zimmerpflanzen gießen
- ↘ Fenster putzen
- ↘ Schuhe putzen

Garten und Landwirtschaft

- ↗ Komposthaufen feststampfen
- ↗ Blattgemüse (außer Kohl und Kopfsalat) säen bzw. setzen
- ↗ Rasen mähen
- ↗ Pflanzen gießen bzw. wässern
- ↗ Eigelege von Hühnern, Enten und Gänsen bebrüten lassen
- ↗ Kälber zur Entwöhnung ansetzen
- ↘ Holz einschlagen, da die erhöhte Gefahr eines Schädlingsbefalls besteht

Familie und Partnerschaft

- ↗ Besonders sinnliche Stimmung in der Partnerschaft
- ↗ Passende Gelegenheit für den Einkauf von Garderobe
- ↘ Neigung zu eigenwilligem Verhalten und Eifersucht

Beruf und Karriere

- ↗ Passender Termin für geschäftliche Besprechungen, Nachforschungen, Umfragen und die Planung von neuen Projekten
- ↗ Besonders großer Erfolg von Werbemaßnahmen

Vollmond im Skorpion

Allgemeine Tagestendenz Seelische Suche

Unruhe, starke seelische Einflüsse | Besonders starkes Aufnehmen des Körpers, Ausatmen der Erde | Häufiger Wetterumschwung | Stärkeres Feuchtigkeitsempfinden

Gesundheit und Ernährung

- ↗ Besonderes Augenmerk auf die Harnwege richten
- ↗ Alle Maßnahmen zur Stärkung des Immunsystems
- ↗ Schonung bei Schwangerschaft
- ↗ Sitzbäder bei Unterleibsbeschwerden
- ↗ Heute besonders gute Verwertung von Kohlenhydraten – aber Vorsicht bei Allergien und Übergewicht!
- ↗ Gemüse des Tages: Blattgemüse, Salat
- ↘ Unterkühlung – deshalb nach Möglichkeit vermeiden, da die Gefahr einer Blasenentzündung besteht!
- ↘ Operationen, die nicht unbedingt erforderlich sind
- ↘ Impfungen

Schönheit und Körperpflege

- ↗ Salben herstellen
- ↗ Maßnahmen zur Hauternährung
- ↘ Heilkräuter trocknen und abfüllen
- ↘ Körperhaare entfernen
- ↘ Ausführliche Nagelpflege

Haushalt und Zimmerpflanzen

- ↗ Wasserinstallationsarbeiten durchführen
- ↗ Zimmerpflanzen gießen
- ↘ Butter zubereiten
- ↘ Abfüllen, verstauen
- ↘ Lüften von Wohnräumen, Kleidung und Bettzeug

Garten und Landwirtschaft

- ↗ Pflanzen wässern
- ↗ Wiesen düngen
- ↘ Holz einschlagen, da die erhöhte Gefahr eines Schädlingsbefalls besteht

Familie und Partnerschaft

- ↗ Besonders sinnliche Stimmung in der Partnerschaft
- ↗ Guter Termin für einen Einkaufsbummel mit der Familie
- ↘ Neigung zu eigenwilligem Verhalten und Eifersucht

Beruf und Karriere

- ↗ Guter Termin für Nachforschungen, Umfragen und die Planung von neuen Projekten

Abnehmender Mond im Skorpion

Allgemeine Tagestendenz Seelische Suche
Erhöhte Aktivität und Kraftentfaltung | Möglichkeit, Unerwünschtes zu entfernen
Abgeben des Körpers, Einatmen der Erde | Stärkeres Feuchtigkeitsempfinden

Gesundheit und Ernährung

- ↗ Besonderes Augenmerk auf die Harnwege richten
- ↗ Entschlackungs- und Schlankheitskuren
- ↗ Brennnesseltee trinken
- ↗ Eingewachsene Nägel ziehen
- ↗ Warzen entfernen
- ↗ Hühneraugen entfernen
- ↗ Operationen durchführen – außer im Unterleibsbereich!
- ↗ Zahnarztbesuch
- ↗ Schonung bei Schwangerschaft
- ↗ Sitzbäder bei Unterleibsbeschwerden
- ↗ Besonders gute Verwertung von Kohlenhydraten – aber Vorsicht bei Allergien und Übergewicht!
- ↗ Gemüse des Tages: Blattgemüse, Salat
- ↘ Unterkühlung – deshalb nach Möglichkeit vermeiden, da die Gefahr einer Blasenentzündung besteht!

Schönheit und Körperpflege

- ↗ Tiefenreinigung der Haut
- ↗ Brennnesseln zur Blutreinigung sammeln
- ↗ Heilkräuter trocknen, abfüllen
- ↗ Kräuterkissen herstellen
- ↗ Körperhaare entfernen

Haushalt und Zimmerpflanzen

- ↗ Wäsche waschen
- ↗ Schuhe putzen
- ↗ Flecken entfernen
- ↗ Wasserinstallationsarbeiten durchführen
- ↗ Zimmerpflanzen gießen
- ↘ Butter zubereiten

Garten und Landwirtschaft

- ↗ Kohl und Kopfsalat säen bzw. setzen
- ↗ Pflanzen gießen, wässern
- ↗ Stall reinigen
- ↘ Kartoffeln legen

Familie und Partnerschaft

- ↗ Besonders sinnliche Stimmung in der Partnerschaft
- ↗ Guter Termin für einen Einkaufsbummel mit der Familie
- ↘ Neigung zu eigenwilligem Verhalten und Eifersucht

Beruf und Karriere

- ↗ Guter Termin für Nachforschungen, Umfragen und die Planung von neuen Projekten

An Schützetagen

Die allgemeine Tendenz des Tages Nach vorn blicken. Der Wunsch, die inneren Zusammenhänge zu verstehen und den Sinn des Lebens zu finden, ist stark. Routine und Stagnation haben keine Chance. Das Tierkreiszeichen Schütze ist dem Element Feuer zugeordnet. Das bedeutet dann:

Für das Wetter Schützetage sind Wärmetage. Die Grundstimmung ist warm, freundlich und trocken. Im Sommer herrscht eine mäßige Gewitterneigung, die oft zu viel Niederschlägen führt. Das Wetter kann häufig wechseln.

Für die Gesundheit Bei Wetteränderungen muss mit Rücken- und Ischiasschmerzen gerechnet werden. Wenn man sich körperlich übermäßig belastet, stellt sich leicht ein Muskelkater ein.

Für die Ernährung An Schützetagen hat Eiweiß eine besondere Qualität. Im Speiseplan sollten deshalb eiweißhaltige Speisen und frisches Obst stärker als sonst berücksichtigt werden. Der Körper nimmt diese Nahrungsmittel besonders gut auf. Vorsicht ist allerdings bei Allergien geboten.

Für Arbeiten in Haus und Wohnung Schützetage sind bei abnehmendem Mond für Reinigungs- und Reparaturarbeiten recht gut geeignet. Wohnräume und Keller können meist gründlich gelüftet werden.

Für Garten und Landwirtschaft Schützetage sind Fruchttage. Bei zunehmendem Mond sind sie günstig für das Säen und Setzen von Fruchtgemüse, Obst und vielen hochwachsenden Pflanzen. Unkraut sollte an Schützetagen nicht gejätet werden.

Für Familie und Partnerschaft Schützetage sind vor allem Tage der Kommunikation zwischen den Partnern und innerhalb der Familie. Streitigkeiten können erfahrungsgemäß nun leichter als sonst beigelegt und neues Vertrauen aufgebaut werden.

Für Hobbys und Freizeit Diese Zeit ist günstig für eine gesellige Veranstaltung, einen ausgedehnten Familienausflug und eher moderate sportliche Aktivitäten.

Für Beruf und Geldangelegenheiten Schützetage sind günstig, um Rechtsangelegenheiten zu erledigen, Verhandlungen zu führen und Konflikte zu lösen.

Schütze

Mond Schon aufsteigend (Wendepunkt zwischen absteigender und aufsteigender Kraft)
Element Feuer
Pflanzenteil Frucht
Nahrung Eiweiß
Witterungsqualität Wärme
Körper Oberschenkel, Venen
Organsystem Sinnesorgane

Neumond im Schützen

Allgemeine Tagestendenz Nach vorn blicken
Planen und Vorsätze fassen | Neues beginnen | Häufiger Wetterumschwung
Stärkeres Wärmeempfinden

Gesundheit und Ernährung

- Besondere Aufmerksamkeit für Oberschenkel und Venen
- Fasttag zur Entschlackung und Blutreinigung einlegen
- Schlechte Gewohnheiten, z. B. das Rauchen, aufgeben
- Entspannende Massagen
- Gute Aufnahme von Eiweißen – aber Vorsicht bei Allergien!
- Gemüse des Tages: Rote Gemüse und rote Früchte, Hülsenfrüchte, Zucchini und Auberginen
- Körperliche Überanstrengung
- Leistungssport
- Operationen, die nicht unbedingt nötig sind

Schönheit und Körperpflege

- Erleben eines ganz neuen, intensiven Körpergefühls durch ein aphrodisisches Bad

Haushalt und Zimmerpflanzen

- Passender Termin, um eine Wohnung neu zu beziehen
- Ausgiebig lüften
- Fett unbeaufsichtigt erhitzen

Garten und Landwirtschaft

- Kranke oder von Schädlingen befallene Pflanzen und Gehölze zurückschneiden
- Nutztiere kastrieren
- Stall neu beziehen
- Kopfsalat pflanzen
- Pflanzen gießen
- Pflanzen düngen
- Hacken und jäten, da der Boden leicht austrocknet und das Unkraut stark nachwächst
- Gartenzaun setzen bzw. reparieren

Familie und Partnerschaft

- Passender Zeitpunkt für klärende Aussprachen – auch um schon länger schwelende Streitigkeiten und Missverständnisse auszuräumen

Beruf und Karriere

- Optimistische Grundstimmung
- Gute Bedingungen für Verkäufe, Versteigerungen und die Regelung von Rechtsangelegenheiten
- Ruhelosigkeit, Unzuverlässigkeit, mangelnde Ausdauer sowie unüberlegte, voreilige Aussagen

Zunehmender Mond im Schützen

Allgemeine Tagestendenz Nach vorn blicken
Aufnehmen des Körpers, Abgeben der Erde | Aufbauen, stärken, regenerieren
Zunehmendes Selbstbewusstsein | Stärkeres Wärmeempfinden

Gesundheit und Ernährung

- ↗ Besondere Aufmerksamkeit für Oberschenkel und Venen
- ↗ Große Wirksamkeit von Medikamenten und Stärkungsmitteln
- ↗ Kräftigende Massagen und stärkende Gymnastik vor allem im Bereich des Rückens, der Beine und Oberschenkel
- ↗ Eingewachsene Nägel korrigieren
- ↗ Gute Aufnahme von Eiweißen – aber Vorsicht bei Allergien!
- ↗ Gemüse des Tages: Rote Gemüse und rote Früchte, Hülsenfrüchte, Zucchini und Auberginen
- ↘ Operationen, besonders im Bereich von Oberschenkel und Hüfte

Schönheit und Körperpflege

- ↗ Aphrodisisches Bad
- ↗ Aufbauende Fußreflexzonenmassage
- ↗ Heilkräuter (Früchte) sammeln
- ↘ Sonnenbad

Haushalt und Zimmerpflanzen

- ↗ Die Wohnung lüften
- ↗ Fußböden kehren
- ↗ Einlagern oder Einfrieren von Obst und Fruchtgemüse
- ↗ Marmelade kochen
- ↗ Butter zubereiten
- ↘ Fett unbeaufsichtigt erhitzen

Garten und Landwirtschaft

- ↗ Pflanzen von Fruchtgemüse, Beeren und Obst
- ↗ Veredeln von Obstbäumen sowie Ziergehölzen
- ↗ Getreide anbauen
- ↗ Stall neu beziehen
- ↘ Salat säen oder pflanzen
- ↘ Unkraut jäten
- ↘ Brennholz einschlagen

Familie und Partnerschaft

- ↗ Passender Zeitpunkt für klärende Aussprachen – auch um schon länger schwelende Streitigkeiten und Missverständnisse auszuräumen
- ↗ Guter Zeitpunkt für einen Familienausflug oder eine kurze Reise

Beruf und Karriere

- ↗ Optimistische Grundstimmung
- ↗ Gute Bedingungen für Verkäufe, Verhandlungen und die Regelung von Rechtsangelegenheiten
- ↘ Ruhelosigkeit, Unzuverlässigkeit, mangelnde Ausdauer sowie unüberlegte, voreilige Aussagen

Vollmond im Schützen

Allgemeine Tagestendenz Nach vorn blicken
Unruhe, starke seelische Einflüsse | Besonders starkes Aufnehmen des Körpers, Ausatmen der Erde | Häufiger Wetterumschwung | Stärkeres Wärmeempfinden

Gesundheit und Ernährung

- ↗ Besondere Aufmerksamkeit für Oberschenkel und Venen
- ↗ Alle Maßnahmen zur Stärkung des Immunsystems
- ↗ Massagen zur Stärkung der Rückenmuskulatur und der Beine
- ↗ Gute Aufnahme von Eiweißen – aber Vorsicht bei Allergien!
- ↗ Gemüse des Tages: Rote Gemüse und rote Früchte, Hülsenfrüchte, Zucchini und Auberginen
- ↘ Alle chirurgischen Eingriffe, die nicht unbedingt erforderlich sind
- ↘ Impfungen

Schönheit und Körperpflege

- ↗ Aphrodisisches Bad
- ↗ Kräutersalben herstellen
- ↘ Saunabad
- ↘ Sonnenbad

Haushalt und Zimmerpflanzen

- ↗ Die Wohnung lüften
- ↗ Einfrieren von Obst, Gemüse und anderen Lebensmitteln
- ↗ Butter zubereiten
- ↘ Besonders hohe Erhitzung von Fett – deshalb Brandgefahr!

Garten und Landwirtschaft

- ↗ Fruchtgemüse, Obst und Getreide düngen
- ↗ Obst und Gemüse ernten sowie einlagern
- ↗ Nach Quellen und Wasseradern suchen
- ↗ Stall neu beziehen
- ↘ Salat setzen
- ↘ Unkraut jäten
- ↘ Heu ernten und trocknen

Familie und Partnerschaft

- ↗ Passender Zeitpunkt für klärende Aussprachen – auch um schon länger schwelende Streitigkeiten und Missverständnisse auszuräumen
- ↗ Guter Zeitpunkt für einen Familienausflug oder eine kurze Reise

Beruf und Karriere

- ↗ Gute Bedingungen für Verhandlungen und die Regelung von Rechtsangelegenheiten
- ↘ Ruhelosigkeit, Unzuverlässigkeit, mangelnde Ausdauer sowie unüberlegte, voreilige Aussagen

Abnehmender Mond im Schützen

Allgemeine Tagestendenz **Nach vorn blicken**
Erhöhte Aktivität und Kraftentfaltung | Möglichkeit, Unerwünschtes zu entfernen
Abgeben des Körpers, Einatmen der Erde | Stärkeres Wärmeempfinden

Gesundheit und Ernährung

- ↗ Besondere Aufmerksamkeit für Oberschenkel und Venen
- ↗ Schlankheits- und Entschlackungskuren
- ↗ Brennnesseltee zur Blutreinigung trinken
- ↗ Chirurgische Eingriffe – außer im Bereich von Oberschenkel und Hüfte
- ↗ Warzen entfernen
- ↗ Zahnarztbesuch
- ↗ Gemüse des Tages: Rote Gemüse und rote Früchte, Hülsenfrüchte, Zucchini und Auberginen

Schönheit und Körperpflege

- ↗ Erleben eines ganz neuen, intensiven Körpergefühls durch ein aphrodisisches Bad
- ↗ Saunabad
- ↗ Tiefenreinigung der Haut
- ↗ Entspannende Massagen
- ↗ Eingewachsene Nägel ziehen
- ↗ Heilkräuter (Früchte) sammeln
- ↗ Kräuterkissen herstellen

Haushalt und Zimmerpflanzen

- ↗ Speisekammer und Kellerregale reinigen
- ↗ Ausgiebig lüften
- ↗ Chemische Reinigung
- ↗ Fenster putzen
- ↗ Porzellan und Metalle reinigen
- ↗ Schimmel entfernen
- ↘ Fett unbeaufsichtigt erhitzen

Garten und Landwirtschaft

- ↗ Pflanzen düngen
- ↗ Gehölze schneiden
- ↗ Oberirdische Schädlingsbekämpfung
- ↗ Ernten und einlagern
- ↗ Butter zubereiten
- ↘ Kopfsalat pflanzen
- ↘ Unkraut jäten
- ↘ Komposthaufen ansetzen

Familie und Partnerschaft

- ↗ Passender Zeitpunkt für klärende Aussprachen – auch um schon länger schwelende Streitigkeiten und Missverständnisse auszuräumen
- ↗ Guter Zeitpunkt für einen Familienausflug oder eine kurze Reise

Beruf und Karriere

- ↗ Gute Bedingungen für Verhandlungen und die Regelung von Rechtsangelegenheiten
- ↘ Ruhelosigkeit, Unzuverlässigkeit, mangelnde Ausdauer sowie unüberlegte, voreilige Aussagen

An Steinbocktagen

Die allgemeine Tendenz des Tages: Geradlinigkeit. Diese Zeit ist gut, um sich auf das berufliche Fortkommen, auch auf die Erledigung eher ungeliebter Aufgaben zu konzentrieren. Der Genuss kommt erst danach. Das Tierkreiszeichen Steinbock wird dem Element Erde zugeordnet. Das bedeutet dann:

Für das Wetter Steinbocktage sind Kältetage. Auch bei warmem, sonnigem Wetter kommt abends rasch Kühle auf, die aus dem Boden hervorsteigt. Bei Vollmond sind Steinbocktage oft klirrend frostig.

Für die Gesundheit Alle Maßnahmen zur Haut- und Nagelpflege wirken besonders günstig und auch äußerst wohltuend. Die Überlastung von Fuß- und Kniegelenken durch langes Gehen und Stehen sollte unbedingt vermieden werden. Impfungen aller Art sind nur in Notfällen zu empfehlen.

Für die Ernährung An Steinbocktagen hat Salz eine besondere Qualität. Menschen mit hohem Blutdruck sollten jetzt deshalb darauf achten, dass ihr Salzkonsum nicht zu groß wird.

Steinbock

Mond Aufsteigend
Element Erde
Pflanzenteil Wurzel
Nahrung Salz
Witterungsqualität Kälte
Körper Knochen, Gelenke, Knie, Haut
Organsystem Blutkreislauf

Für Arbeiten in Haus und Wohnung Steinbocktage sind nicht besonders günstig für Hausarbeiten und Reparaturen. Auf keinen Fall sollten Sie an diesen Tagen die Garderobe chemisch reinigen lassen.

Für Garten und Landwirtschaft Steinbocktage sind Erdtage. Deshalb sind sie bei abnehmendem Mond beispielsweise sehr günstig für das Jäten von Unkraut, das Setzen oder Säen von Wurzelgemüse sowie die Huf-, Klauen- und Krallenpflege bei Tieren.

Für Familie und Partnerschaft Gefühle spielen an Steinbocktagen eher eine untergeordnete Rolle. Die Stimmung kann unterkühlt sein, und die Begegnungen verlaufen meist sehr reserviert.

Für Hobbys und Freizeit Diese Tage sind erfahrungsgemäß besonders günstige Termine, um wieder einmal ins Theater zu gehen.

Für Beruf und Geldangelegenheiten Begünstigt sind vor allem diszipliniertes Arbeiten und die Planung langfristiger Vorhaben, z. B. der Erwerb einer Immobilie.

Neumond im Steinbock

Allgemeine Tagestendenz Geradlinigkeit
Planen und Vorsätze fassen | Neues beginnen | Häufiger Wetterumschwung
Stärkeres Kälteempfinden

Gesundheit und Ernährung

- ↗ Besondere Aufmerksamkeit für Haut, Knochen und Gelenke
- ↗ Sehr gute Aufnahme von Salzen – aber Vorsicht bei hohem Blutdruck!
- ↗ Heilendes Bad
- ↗ Fasttag einlegen
- ↗ Gemüse des Tages: Zwiebeln, Kartoffeln und Lauch
- ↘ Stärkung des Bewegungsapparats
- ↘ Körperliche Überanstrengung
- ↘ Leistungssport
- ↘ Operationen, die nicht unbedingt erforderlich sind

Schönheit und Körperpflege

- ↗ Hautpflege
- ↗ Nagelpflege an Händen und Füßen
- ↗ Heilkräuter (Wurzeln) sammeln
- ↗ Salben herstellen

Haushalt und Zimmerpflanzen

- ↗ Passender Termin, um eine Wohnung neu zu beziehen
- ↗ Wurzelgemüse einkochen, einlagern
- ↗ Sauerkraut ansetzen
- ↘ Alle Putz- und Reinigungsarbeiten
- ↘ Chemische Reinigung

Garten und Landwirtschaft

- ↗ Kranke oder von Schädlingen befallene Pflanzen und Gehölze zurückschneiden
- ↗ Kartoffeln ernten
- ↗ Stall neu beziehen
- ↗ Haustiere kastrieren
- ↗ Klauen- und Hufpflege bei Tieren
- ↗ Gartenzaun setzen oder reparieren
- ↗ Holz spalten und einlagern
- ↗ Einschlagen von Pfosten
- ↘ Sammeln von Früchten und Samen, die getrocknet und aufbewahrt werden sollen
- ↘ Tiergeburten

Familie und Partnerschaft

- ↗ Guter Zeitpunkt für einen Theaterbesuch
- ↘ Neigung zu Melancholie, Depression, Kontaktangst, Verschlossenheit und mangelnder Beweglichkeit

Beruf und Karriere

- ↗ Disziplin zeigen und vor allem Sinn für Ordnung beweisen
- ↗ Gute Bedingungen für Verkäufe, Versteigerungen und Geldanlagen
- ↗ Projektpläne erstellen
- ↗ Immobilienangelegenheiten regeln

Zunehmender Mond im Steinbock

Allgemeine Tagestendenz Geradlinigkeit
Aufnehmen des Körpers, Abgeben der Erde | Aufbauen, stärken, regenerieren
Zunehmendes Selbstbewusstsein | Stärkeres Kälteempfinden

Gesundheit und Ernährung

- ↗ Besondere Aufmerksamkeit für Haut, Knochen und Gelenke
- ↗ Hohe Wirksamkeit von Medikamenten in geringer Dosierung
- ↗ Besondere Wohltat und Linderung durch ein heilendes Bad
- ↗ Sehr gute Aufnahme von Salzen – aber Vorsicht bei hohem Blutdruck!
- ↗ Gemüse des Tages: Zwiebeln, Kartoffeln und Lauch
- ↘ Chirurgische Eingriffe, vor allem aber im Bereich von Haut, Knochen und Gelenken
- ↘ Impfungen

Schönheit und Körperpflege

- ↗ Aufbauende Hautpflege
- ↗ Nagelpflege
- ↗ Hand- und Fußpflege
- ↘ Tiefenreinigung der Haut
- ↘ Sonnenbad

Haushalt und Zimmerpflanzen

- ↗ Einlagern und Konservieren von Wurzelgemüse
- ↘ Chemische Reinigung
- ↘ Großer Hausputz
- ↘ Erstes Heizen im Herbst
- ↘ Lüften

Garten und Landwirtschaft

- ↗ Ernten von Wurzelgemüse
- ↗ Klauen- und Hornpflege bei Haustieren
- ↘ Gründliche Stallreinigung
- ↘ Lagerstreu einbringen
- ↘ Sammeln von Früchten und Samen, die getrocknet und aufbewahrt werden sollen

Familie und Partnerschaft

- ↗ Guter Zeitpunkt für einen Theaterbesuch
- ↘ Neigung zu Melancholie, Depression, Kontaktangst, Verschlossenheit und mangelnder Beweglichkeit

Beruf und Karriere

- ↗ Disziplin zeigen und vor allem Sinn für Ordnung beweisen
- ↗ Gute Bedingungen für Verkäufe und Geldanlagen
- ↗ Haushaltspläne aufstellen
- ↗ Immobilienangelegenheiten regeln

Vollmond im Steinbock

Allgemeine Tagestendenz Geradlinigkeit

Unruhe, starke seelische Einflüsse | Besonders starkes Aufnehmen des Körpers, Ausatmen der Erde | Häufiger Wetterumschwung | Stärkeres Kälteempfinden

Gesundheit und Ernährung

- ↗ Besondere Aufmerksamkeit für Haut, Knochen und Gelenke
- ↗ Alle Maßnahmen zur Stärkung des Immunsystems
- ↗ Besondere Wohltat und Linderung durch ein heilendes Bad
- ↗ Sehr gute Aufnahme von Salzen – aber Vorsicht bei hohem Blutdruck!
- ↗ Gemüse des Tages: Zwiebeln, Kartoffeln und Lauch
- ↘ Die übermäßige Belastung von Knochen und Gelenken
- ↘ Alle chirurgischen Eingriffe, die nicht unbedingt erforderlich sind
- ↘ Impfungen
- ↘ Zahnbehandlungen

Schönheit und Körperpflege

- ↗ Guter Zeitpunkt für Haut- und Nagelpflege an Händen und Füßen
- ↗ Salben herstellen, aber erst am folgenden Tag abfüllen
- ↗ Heilkräuter (Wurzeln) sammeln – vorzugsweise in der Nacht
- ↘ Saunabad
- ↘ Sonnenbad

Haushalt und Zimmerpflanzen

- ↗ Federbetten auffüllen
- ↘ Chemische Reinigung

Garten und Landwirtschaft

- ↗ Das Abstillen von Jungtieren beenden
- ↗ Ernten und einlagern
- ↗ Geburtstermine für Haustiere
- ↘ Quellen und Wasseradern suchen
- ↘ Gehölze schneiden

Familie und Partnerschaft

- ↗ Guter Zeitpunkt für einen Theaterbesuch
- ↘ Neigung zu Melancholie, Depression, Kontaktangst, Verschlossenheit und mangelnder Beweglichkeit

Beruf und Karriere

- ↗ Disziplin zeigen und vor allem Sinn für Ordnung beweisen
- ↗ Projektpläne erstellen
- ↗ Immobilienangelegenheiten regeln
- ↘ Keine guten Bedingungen für Geldangelegenheiten

Abnehmender Mond im Steinbock

Allgemeine Tagestendenz Geradlinigkeit
Erhöhte Aktivität und Kraftentfaltung | Möglichkeit, Unerwünschtes zu entfernen
Abgeben des Körpers, Einatmen der Erde | Stärkeres Kälteempfinden

Gesundheit und Ernährung

- ↗ Besondere Aufmerksamkeit für Haut, Knochen und Gelenke
- ↗ Gute Zeit für eine Entschlackungs- bzw. Schlankheitskur
- ↗ Brennnesseltee zur Blutreinigung trinken
- ↗ Chirurgische Eingriffe – außer in den Bereichen Haut, Knochen und Gelenke
- ↗ Eingewachsene Nägel ziehen
- ↗ Hühneraugen entfernen
- ↗ Gemüse des Tages: Zwiebeln, Kartoffeln und Lauch
- ↘ Impfungen

Schönheit und Körperpflege

- ↗ Guter Zeitpunkt für Haut- und Nagelpflege an Händen und Füßen
- ↗ Entspannende Massagen
- ↗ Körperhaare entfernen
- ↗ Heilkräuter (Wurzeln) sammeln
- ↗ Kräuterkissen herstellen
- ↗ Salben zubereiten und abfüllen

Haushalt und Zimmerpflanzen

- ↗ Streich- und Lackierarbeiten
- ↗ Staub wischen
- ↗ Wurzelgemüse einkochen
- ↗ Zimmerpflanzen düngen
- ↘ Chemische Reinigung
- ↘ Einkochen von Früchten
- ↘ Heizanlagen installieren

Garten und Landwirtschaft

- ↗ Kompost an- und umsetzen
- ↗ Wurzelgemüse säen bzw. setzen
- ↗ Kartoffeln legen
- ↗ Unterirdische Schädlingsbekämpfung
- ↗ Unkraut jäten
- ↗ Ernten und einlagern
- ↗ Heustock ansetzen
- ↗ Klauen- und Hornpflege bei Haus- und Nutztieren
- ↗ Feldwege anlegen
- ↗ Laufplatten legen

Familie und Partnerschaft

- ↗ Guter Zeitpunkt für einen Theaterbesuch
- ↘ Neigung zu Melancholie, Depression, Kontaktangst, Verschlossenheit und mangelnder Beweglichkeit

Beruf und Karriere

- ↗ Disziplin zeigen und vor allem Sinn für Ordnung beweisen
- ↗ Gute Bedingungen für Verkäufe
- ↗ Projektpläne erstellen
- ↗ Immobilienangelegenheiten regeln

An Wassermanntagen

Die allgemeine Tendenz des Tages Neue Erkenntnisse, starke Intuition. Jetzt werden vor allem Bekanntschaften gepflegt. Deshalb sind diese Tage besonders für gemeinschaftliche Unternehmungen geeignet. Und auch das soziale Engagement ist größer als sonst. Das Tierkreiszeichen Wassermann ist dem Element Luft zugeordnet. Das bedeutet dann:

Für das Wetter Wassermanntage sind Lichttage. Bei klarem Wetter hat man zumeist eine sehr gute Fernsicht. Im Frühjahr strahlt die Sonne an Wassermanntagen besonders intensiv. Vorsicht vor Sonnenbrand!

Für die Gesundheit An Wassermanntagen leiden viele Menschen besonders unter Stressbelastung. Bei zu starker Beanspruchung der Beine und Füße besteht die Gefahr von Venenentzündungen. Bei Anfälligkeit sollten Sie so oft wie möglich die Beine hochlegen.

Für die Ernährung An Wassermanntagen hat Fett eine besondere Qualität. Deshalb sollte man bewusst auf eine ausgewogene Ernährung achten, die den Kreislauf nicht überlastet.

Für Arbeiten in Haus und Wohnung Wassermanntage sind Lufttage. Sie sind beispielsweise bei abnehmendem Mond für viele Reinigungsarbeiten sehr gut geeignet. Dann kann die Wohnung auch ausgiebig gelüftet werden.

Für Garten und Landwirtschaft Wassermanntage sind Blütentage. Sie sind aber für die meisten Garten- und Feldarbeiten eher ungünstig; man sollte sich auf das Notwendigste beschränken.

Für Familie und Partnerschaft Diese Zeit ist für vernunftorientierte Gespräche und Zukunftsplanungen geeignet. Vorsicht vor unvermittelt einsetzenden Streitigkeiten, die durch gelegentliche Stimmungsschwankungen verursacht werden!

Für Hobbys und Freizeit Wassermanntage sind hervorragend geeignet, um eine bereichernde Begegnung mit bildender Kunst zu haben. Sie sind erfahrungsgemäß auch ziemlich günstig für Partys und Reisen.

Für Beruf und Geldangelegenheiten Neue Projektideen, Werbeangelegenheiten und der Ausbau geschäftlicher Kontakte sind begünstigt. Auch Geschäftsreisen stehen unter einem guten Stern.

Wassermann

Mond Aufsteigend
Element Luft
Pflanzenteil Blüte
Nahrung Fett
Witterungsqualität Licht
Körper Unterschenkel, Venen
Organsystem Drüsen

Neumond im Wassermann

Allgemeine Tagestendenz **Neue Erkenntnisse, starke Intuition**
Planen und Vorsätze fassen | Neues beginnen | Häufiger Wetterumschwung
Stärkeres Helligkeitsempfinden

Gesundheit und Ernährung

- ↗ Besondere Aufmerksamkeit für Unterschenkel und Venen
- ↗ Fasttag zur Entschlackung und Reinigung einlegen
- ↗ Schlechte Gewohnheiten, z. B. das Rauchen, aufgeben
- ↗ Besonders gute Verwertung von Fett – aber Vorsicht bei Übergewicht!
- ↗ Ausgewogene, nicht belastende Ernährung
- ↗ Gemüse des Tages: Brokkoli, Artischocken
- ↘ Zahnbehandlungen
- ↘ Chirurgische Eingriffe, besonders im Bereich der Unterschenkel und Venen
- ↘ Körperliche Überanstrengung
- ↘ Leistungssport

Schönheit und Körperpflege

- ↗ Besondere Wirksamkeit von entspannenden Massagen
- ↗ Vitalisierendes Bad

Haushalt und Zimmerpflanzen

- ↗ Passender Zeitpunkt, um eine Wohnung neu zu beziehen
- ↗ Einlagern, ordnen, verstauen
- ↘ Pflanzen gießen, weil sonst verstärkt Schädlinge auftreten
- ↘ Backen, da in dieser Phase der Teig nicht richtig aufgeht

Garten und Landwirtschaft

- ↗ Kranke Pflanzen und Gehölze zurückschneiden
- ↗ Stall neu beziehen
- ↗ Haustiere kastrieren
- ↗ Gartenzaun setzen oder reparieren
- ↗ Einschlagen von Pfosten
- ↗ Holz einlagern
- ↘ Jungpflanzen säen bzw. setzen
- ↘ Pflanzen wässern

Familie und Partnerschaft

- ↗ Prägung des partnerschaftlichen Umgangs durch Vernunft
- ↗ Gemeinsam Pläne schmieden
- ↗ Guter Termin für eine Reise
- ↘ Streit – leider nicht immer vermeidbar

Beruf und Karriere

- ↗ Alle Tätigkeiten, die mit Kommunikation, neuen Geschäftskontakten und Werbung zu tun haben
- ↗ Künstlerische Aktivitäten
- ↗ Gute Ergebnisse bei Versteigerungen

Zunehmender Mond im Wassermann

Allgemeine Tagestendenz Neue Erkenntnisse, starke Intuition
Aufnehmen des Körpers, Abgeben der Erde | Aufbauen, stärken, regenerieren
Zunehmendes Selbstbewusstsein | Stärkeres Helligkeitsempfinden

Gesundheit und Ernährung

- ↗ Besondere Aufmerksamkeit für Unterschenkel und Venen
- ↗ Stärkende Massagen
- ↗ Heil- und Kräftigungskuren
- ↗ Gute Aufnahme und besondere Wirksamkeit von Arzneimitteln
- ↗ Besonders gute Verwertung von Fett – aber Vorsicht bei Übergewicht!
- ↗ Gemüse des Tages: Brokkoli, Artischocken
- ↘ Größere körperliche Anstrengungen
- ↘ Chirurgische Eingriffe, besonders im Bereich der Unterschenkel und Venen
- ↘ Zahnbehandlungen

Schönheit und Körperpflege

- ↗ Anregendes Bad
- ↗ Kosmetische Präparate zur Ernährung und Belebung der Haut anwenden
- ↗ Heilkräuter (Blüten) sammeln
- ↗ Eingewachsene Nägel korrigieren

Haushalt und Zimmerpflanzen

- ↗ Reparaturen im Haushalt
- ↗ Aufräumen und ordnen
- ↗ Einrichten und verstauen
- ↗ Wäsche bleichen
- ↗ Die Wohnung ausgiebig lüften
- ↘ Pflanzen gießen, weil sonst verstärkt Schädlinge auftreten

Garten und Landwirtschaft

- ↗ Unkraut jäten
- ↗ Blumen und Blütenkräuter setzen bzw. säen
- ↗ Obst sowie Gemüse ernten und einlagern
- ↗ Bei trockenem Wetter jetzt die Heuernte einbringen
- ↘ Pflanzen wässern

Familie und Partnerschaft

- ↗ Prägung des partnerschaftlichen Umgangs durch Vernunft
- ↗ Gemeinsam Pläne schmieden
- ↗ Guter Termin für eine Reise
- ↘ Streit – leider nicht immer vermeidbar

Beruf und Karriere

- ↗ Alle Tätigkeiten, die mit Kommunikation, neuen Geschäftskontakten und Werbung zu tun haben
- ↗ Künstlerische Aktivitäten

Vollmond im Wassermann

Allgemeine Tagestendenz Neue Erkenntnisse, starke Intuition
Unruhe, starke seelische Einflüsse | Besonders starkes Aufnehmen des Körpers, Ausatmen der Erde | Häufiger Wetterumschwung | Stärkeres Helligkeitsempfinden

Gesundheit und Ernährung

- ↗ Besondere Aufmerksamkeit für Unterschenkel und Venen
- ↗ Alle Maßnahmen zur Stärkung des Immunsystems
- ↗ Sehr gute Verwertung von Fett – aber Vorsicht bei Übergewicht!
- ↗ Gemüse des Tages: Brokkoli, Artischocken
- ↘ Chirurgische Eingriffe, die nicht unbedingt erforderlich sind
- ↘ Zahnbehandlungen
- ↘ Impfungen

Schönheit und Körperpflege

- ↗ Anregendes Bad gegen Abgespanntheit
- ↗ Heilkräuter (Blüten) sammeln
- ↗ Salben herstellen, aber erst bei abnehmendem Mond abfüllen
- ↘ Körperhaare entfernen
- ↘ Saunabad

Haushalt und Zimmerpflanzen

- ↗ Die Wohnung lüften
- ↗ Fett auslassen, da es nicht spritzt
- ↘ Pflanzen gießen, weil sonst verstärkt Schädlinge auftreten

Garten und Landwirtschaft

- ↗ Das Abstillen von Jungtieren beenden
- ↗ Ernten sowie Einlagern von Obst und Gemüse
- ↗ Jauche, Gülle ausbringen
- ↘ Quellen suchen
- ↘ Pflanzen wässern
- ↘ Jungpflanzen säen bzw. setzen

Familie und Partnerschaft

- ↗ Prägung des partnerschaftlichen Umgangs durch Vernunft
- ↗ Gemeinsam Pläne schmieden
- ↗ Guter Termin für eine Reise
- ↘ Streit – leider nicht immer vermeidbar

Beruf und Karriere

- ↗ Alle Tätigkeiten, die mit Kommunikation, neuen Geschäftskontakten und Werbung zu tun haben
- ↗ Künstlerische Aktivitäten

Abnehmender Mond im Wassermann

Allgemeine Tagestendenz Neue Erkenntnisse, starke Intuition
Erhöhte Aktivität und Kraftentfaltung | Möglichkeit, Unerwünschtes zu entfernen
Abgeben des Körpers, Einatmen der Erde | Stärkeres Helligkeitsempfinden

Gesundheit und Ernährung

- ↗ Besondere Aufmerksamkeit für Unterschenkel und Venen
- ↗ Entschlackungs- und Schlankheitskuren
- ↗ Brennnesseltee als Hilfe bei Krampfadern und Venenentzündungen
- ↗ Eingewachsene Nägel ziehen
- ↗ Warzen entfernen
- ↗ Hühneraugen entfernen
- ↗ Besonders gute Verwertung von Fett – aber Vorsicht bei Übergewicht!
- ↗ Gemüse des Tages: Brokkoli, Artischocken
- ↘ Chirurgische Eingriffe im Bereich der Unterschenkel und Venen

Schönheit und Körperpflege

- ↗ Tiefenreinigung der Haut
- ↗ Entspannende Massagen
- ↗ Kräuterkissen herstellen

Haushalt und Zimmerpflanzen

- ↗ Hausputz
- ↗ Holz- und Parkettfußböden wischen
- ↗ Reinigung von Fenstern, Kellerregalen, Porzellan und Metallen
- ↗ Chemische Reinigung
- ↗ Schuhe putzen
- ↗ Ungeziefer bekämpfen
- ↘ Pflanzen gießen, weil sonst verstärkt Schädlinge auftreten

Garten und Landwirtschaft

- ↗ Ernten sowie Einlagern von Obst und Gemüse
- ↗ Ernten, was getrocknet werden soll
- ↗ Stallpflege und -reinigung
- ↗ Laufplatten legen
- ↘ Pflanzen wässern
- ↘ Jungpflanzen säen bzw. setzen

Familie und Partnerschaft

- ↗ Gemeinsam Pläne schmieden
- ↗ Guter Termin für eine Reise

Beruf und Karriere

- ↗ Alle Tätigkeiten, die mit Kommunikation, neuen Geschäftskontakten und Werbung zu tun haben
- ↗ Künstlerische Aktivitäten

An Fischetagen

Die allgemeine Tendenz des Tages Phantasie, Hilfsbereitschaft. Jetzt ist eine Phase der Träumerei, des Sich-Vergessens oder auch Sich-Verlierens gegeben. Die Gefahr eines Realitätsverlusts ist somit größer als sonst. Das Tierkreiszeichen Fische ist dem Element Wasser zugeordnet. Das bedeutet dann:

Für das Wetter Fischetage sind Wassertage. An diesen Tagen muss mit Niederschlägen gerechnet werden. Wegen der höheren Luftfeuchtigkeit ist die Tendenz zur Nebelbildung verstärkt.

Für die Gesundheit An Fischetagen wirken alle Genussmittel – Alkohol, Nikotin und Kaffee – besonders stark. Wer schlechte Gewohnheiten aufgeben will, sollte damit am Fischeneumond beginnen. Besonders günstig wirken Fußreflexzonenmassagen und Fußbäder mit einem Heilkräuterzusatz.

Für die Ernährung An Fischetagen haben Kohlenhydrate eine besondere Qualität. Man entwickelt dann oft einen Heißhunger auf Süßigkeiten. Wer aus gesundheitlichen Gründen Zucker meiden muss, sollte vorsichtig sein.

Fische

Mond Aufsteigend
Element Wasser
Pflanzenteil Blatt
Nahrung Kohlenhydrate
Witterungsqualität Feuchtigkeit
Körper Füße, Zehen
Organsystem Nerven

Für Arbeiten in Haus und Wohnung Fischetage sind bei abnehmendem Mond ideal für die große Wäsche. Ungeeignet sind sie dagegen für alle Arbeiten, die mit Konservieren und Einlagern von Lebensmitteln zu tun haben.

Für Garten und Landwirtschaft Fischetage sind Blatttage. Günstig sind das Gießen von Balkon- und Gartenpflanzen sowie das Säen bzw. Setzen von Blattgemüse und Blattkräutern.

Für Familie und Partnerschaft Gefühle stehen jetzt an erster Stelle. Die Partnerschaft ist von Harmonie und Zärtlichkeit geprägt. Man sucht vermehrt die Geborgenheit in der Familie.

Für Hobbys und Freizeit Es ist die beste Zeit für meditative Versenkung, einen Kinobesuch oder Ausflug ins Schwimmbad. Auch ein Abendessen zu zweit ist besonders empfehlenswert.

Für Beruf und Geldangelegenheiten Jetzt herrscht die Zeit der Intuition und besonders kreativer Einfälle. Für geschäftliche Verhandlungen, analytische Arbeiten und Konferenzen sind Fischetage eher ungeeignet.

Neumond in den Fischen

Allgemeine Tagestendenz Phantasie und Hilfsbereitschaft
Nur geringe Kraftentfaltung | Planen und Vorsätze fassen | Neues beginnen
Häufiger Wetterumschwung

Gesundheit und Ernährung

- ↗ Besondere Aufmerksamkeit für Füße und Zehen
- ↗ Damit beginnen, schlechte Gewohnheiten aufzugeben
- ↗ Fußbäder
- ↗ Fasttag einlegen
- ↗ Besonders gute Verwertung von Kohlenhydraten – aber Vorsicht bei Allergien und Übergewicht!
- ↗ Möglichst keinen Alkohol, Kaffee und Tabak konsumieren
- ↗ Gemüse des Tages: Blattgemüse, Salat
- ↘ Starke körperliche Anstrengungen
- ↘ Fußnagelpflege, vor allem das Schneiden
- ↘ Haare waschen
- ↘ Haare schneiden
- ↘ Hühneraugen entfernen

Schönheit und Körperpflege

- ↗ Beruhigendes Bad
- ↗ Entspannungsübungen

Haushalt und Zimmerpflanzen

- ↗ Passender Zeitpunkt, um eine Wohnung neu zu beziehen
- ↗ Zimmerpflanzen gießen
- ↘ Obst und Gemüse einlagern bzw. konservieren
- ↘ Backen
- ↘ Butter zubereiten

Garten und Landwirtschaft

- ↗ Pflanzen gießen bzw. wässern
- ↗ Kranke Gehölze zurückschneiden
- ↗ Gartenzaun setzen bzw. reparieren
- ↗ Stall neu beziehen
- ↗ Haustiere kastrieren
- ↘ Heu einbringen
- ↘ Setz- und Säarbeiten
- ↘ Unkraut jäten
- ↘ Vieh schlachten

Familie und Partnerschaft

- ↗ Träumerisch und zärtlich geprägte Partnerbeziehung
- ↗ Familienbesuch, da sehr harmonisch verlaufend
- ↗ Freizeittipps: Kochen, meditieren, Filme ansehen, schwimmen

Beruf und Karriere

- ↗ Kreativität
- ↘ Neigung zu Stimmungsschwankungen, Selbsttäuschung, Verkennen der Realität

Zunehmender Mond in den Fischen

Allgemeine Tagestendenz Phantasie und Hilfsbereitschaft
Aufnehmen des Körpers, Abgeben der Erde | Aufbauen, stärken, regenerieren
Zunehmendes Selbstbewusstsein | Stärkeres Feuchtigkeitsempfinden

Gesundheit und Ernährung

- ↗ Besondere Aufmerksamkeit für Füße und Zehen
- ↗ Fußbäder
- ↗ Regenerierende Fußreflexzonenmassagen
- ↗ Besonders gute Verwertung von Kohlenhydraten – aber Vorsicht bei Allergien und Übergewicht!
- ↗ Gemüse des Tages: Blattgemüse, Salat
- ↘ Genussmittel, da heute eine sehr starke Wirkung von Alkohol, Kaffee und Nikotin gegeben ist
- ↘ Impfungen

Garten und Landwirtschaft

- ↗ Pflanzen gießen bzw. wässern
- ↗ Blattgemüse (außer Kohl und Kopfsalat) säen bzw. setzen
- ↗ Komposthaufen feststampfen
- ↗ Rasen mähen
- ↗ Quellen- und Wassersuche
- ↗ Wasserbauarbeiten
- ↗ Bauholz einschlagen
- ↗ Vieh schlachten
- ↘ Heu einbringen
- ↘ Unkraut jäten
- ↘ Obstbäume ausschneiden

Schönheit und Körperpflege

- ↗ Beruhigendes Bad
- ↗ Aufbauende Hautpflege
- ↗ Heilkräuter (Blätter) für den alsbaldigen Verbrauch sammeln
- ↗ Salben herstellen
- ↘ Fußnagelpflege, vor allem das Schneiden

Familie und Partnerschaft

- ↗ Träumerisch und zärtlich geprägte Partnerbeziehung
- ↗ Familienbesuch, da sehr harmonisch verlaufend
- ↗ Freizeittipps: Kochen, meditieren, Filme ansehen, schwimmen

Haushalt und Zimmerpflanzen

- ↗ Wasserinstallationsarbeiten durchführen
- ↘ Backen
- ↘ Malerarbeiten
- ↘ Wohnung länger lüften
- ↘ Kräuter und Früchte trocknen
- ↘ Butter zubereiten
- ↘ Obst und Gemüse einlagern bzw. konservieren

Beruf und Karriere

- ↗ Kreativität
- ↘ Neigung zu Stimmungsschwankungen, Selbsttäuschung, Verkennen der Realität

Vollmond in den Fischen

Allgemeine Tagestendenz Phantasie und Hilfsbereitschaft
Unruhe, starke seelische Einflüsse | Besonders starkes Aufnehmen des Körpers, Ausatmen der Erde | Häufiger Wetterumschwung | Stärkeres Feuchtigkeitsempfinden

Gesundheit und Ernährung

- ↗ Besondere Aufmerksamkeit für Füße und Zehen
- ↗ Sehr gute Verwertung von Kohlenhydraten – aber Vorsicht bei Allergien und Übergewicht!
- ↗ Leicht essen, um Körper und Kreislauf zu schonen
- ↗ Gemüse des Tages: Blattgemüse, Salat
- ↘ Genussmittel, da heute eine sehr starke Wirkung von Alkohol, Kaffee und Nikotin gegeben ist
- ↘ Operationen, die nicht unbedingt erforderlich sind
- ↘ Starke körperliche Anstrengungen
- ↘ Leistungssport
- ↘ Impfungen

Schönheit und Körperpflege

- ↗ Heilkräuter (Blätter) sammeln
- ↗ Kräuterauszüge ansetzen, aber erst bei abnehmendem Mond abfüllen
- ↗ Salben herstellen
- ↘ Ausleitende Fußreflexzonenmassage
- ↘ Fußnagelpflege, vor allem das Schneiden
- ↘ Haare waschen
- ↘ Haare schneiden
- ↘ Körperhaare entfernen
- ↘ Heilkräuter trocknen

Haushalt und Zimmerpflanzen

- ↗ Zimmerpflanzen gießen
- ↘ Butter zubereiten
- ↘ Backen
- ↘ Obst und Gemüse einlagern bzw. konservieren

Garten und Landwirtschaft

- ↗ Mist ausfahren
- ↗ Pflanzen düngen
- ↗ Quellen und Wasseradern suchen
- ↗ Vieh schlachten
- ↘ Heu einbringen
- ↘ Obstgehölze ausschneiden

Familie und Partnerschaft

- ↗ Träumerisch und zärtlich geprägte Partnerbeziehung
- ↗ Familienbesuch
- ↗ Freizeittipps: Kochen, meditieren, Filme ansehen, schwimmen

Beruf und Karriere

- ↗ Kreativität
- ↘ Neigung zu Stimmungsschwankungen, Selbsttäuschung, Verkennen der Realität

Abnehmender Mond in den Fischen

Allgemeine Tagestendenz Phantasie und Hilfsbereitschaft
Erhöhte Aktivität und Kraftentfaltung | Möglichkeit, Unerwünschtes zu entfernen
Abgeben des Körpers, Einatmen der Erde | Stärkeres Feuchtigkeitsempfinden

Gesundheit und Ernährung

- ↗ Besondere Aufmerksamkeit für Füße und Zehen
- ↗ Entschlackungs- und Schlankheitskuren
- ↗ Brennnesseltee zur Blutreinigung trinken
- ↗ Entspannende Fußreflexzonenmassagen
- ↗ Zahnbehandlungen
- ↗ Besonders gute Verwertung von Kohlenhydraten – aber Vorsicht bei Übergewicht und Allergien!
- ↗ Gemüse des Tages: Blattgemüse, Salat
- ↘ Chirurgische Eingriffe im Bereich Füße und Zehen

Schönheit und Körperpflege

- ↗ Tiefenreinigung der Haut
- ↗ Entspannungsübungen
- ↗ Beruhigendes Bad
- ↗ Brennnesseln sammeln
- ↗ Kräuterkissen herstellen
- ↘ Fußnagelpflege, vor allem das Schneiden

Haushalt und Zimmerpflanzen

- ↗ Wäsche waschen
- ↗ Schuhe putzen
- ↗ Chemische Reinigung
- ↗ Zimmerpflanzen gießen
- ↘ Obst und Gemüse einlagern bzw. konservieren
- ↘ Butter zubereiten
- ↘ Schimmel beseitigen

Garten und Landwirtschaft

- ↗ Pflanzen gießen bzw. wässern
- ↗ Kohl und Kopfsalat säen bzw. setzen
- ↗ Gras mähen, wenn es langsam nachwachsen soll
- ↗ Brücken- und Bootsholz einschlagen
- ↘ Vieh schlachten

Familie und Partnerschaft

- ↗ Träumerisch und zärtlich geprägte Partnerbeziehung
- ↗ Familienbesuch, da sehr harmonisch verlaufend
- ↗ Freizeittipps: Kochen, meditieren, Filme ansehen, schwimmen

Beruf und Karriere

- ↗ Kreativität
- ↗ Passender Termin für ein Bewerbungs- oder Vorstellungsgespräch
- ↘ Neigung zu Stimmungsschwankungen, Selbsttäuschung, Verkennen der Realität

Mondphasen und -stände im Jahresverlauf

Bis der Mond in jeder seiner vier Phasen die gesamten zwölf Tierkreiszeichen durchlaufen hat, ist etwa ein Jahr vergangen. Dabei ergeben sich (abgesehen von seltenen, geringen Abweichungen) folgende Konstellationen:

Mondphasen und -stände im Jahresverlauf Info

Januar	Neumond im Steinbock Vollmond im Krebs	Januar–Juli Januar–Juli	Zunehmender Mond im Krebs Abnehmender Mond im Steinbock
Februar	Neumond im Wassermann Vollmond im Löwen	Februar–August Februar–August	Zunehmender Mond im Löwen Abnehmender Mond im Wassermann
März	Neumond in den Fischen Vollmond in der Jungfrau	März–September März–September	Zunehmender Mond in der Jungfrau Abnehmender Mond in den Fischen
April	Neumond im Widder Vollmond in der Waage	April–Oktober April–Oktober	Zunehmender Mond in der Waage Abnehmender Mond im Widder
Mai	Neumond im Stier Vollmond im Skorpion	Mai–November Mai–November	Zunehmender Mond im Skorpion Abnehmender Mond im Stier
Juni	Neumond in den Zwillingen Vollmond im Schützen	Juni–Dezember Juni–Dezember	Zunehmender Mond im Schützen Abnehmender Mond in den Zwillingen
Juli	Neumond im Krebs Vollmond im Steinbock	Juli–Januar Juli–Januar	Zunehmender Mond im Steinbock Abnehmender Mond im Krebs
August	Neumond im Löwen Vollmond im Wassermann	August–Februar August–Februar	Zunehmender Mond im Wassermann Abnehmender Mond im Löwen
September	Neumond in der Jungfrau Vollmond in den Fischen	September–März September–März	Zunehmender Mond in den Fischen Abnehmender Mond in der Jungfrau
Oktober	Neumond in der Waage Vollmond im Widder	Oktober–April Oktober–April	Zunehmender Mond im Widder Abnehmender Mond in der Waage
November	Neumond im Skorpion Vollmond im Stier	November–Mai November–Mai	Zunehmender Mond im Stier Abnehmender Mond im Skorpion
Dezember	Neumond im Schützen Vollmond in den Zwillingen	Dezember–Juni Dezember–Juni	Zunehmender Mond in den Zwillingen Abnehmender Mond im Schützen

2005	Jan.	Febr.	März	April	Mai	Juni	Juli	August	Sept.	Okt.	Nov.	Dez.
1	♍	07.52 ♏	♏	04.49 ♑	♒ ◐	01.09 ♈	♉	♊ 13.53	♌	♍	08.30 ♏	♐ ●
2	♍ 17.21	♏ ◐	♏ 19.31	♑ ◐	♒ 15.44	♈	♉ 21.27	♋	♌ 20.57	♍ 15.25	♏ ●	♐
3	♎ ◐	♏ 13.22	♐ ◐	07.32 ♒	♓	07.21 ♉	♊	♋	♍ ●	♎ ●	♏ 14.56	02.43 ♑
4	♎	♐	♐ 23.13	♒	♓ 19.37	♉	♊	02.11 ♌	♍	♎	♐	♑
5	01.01 ♏	♐ 15.33	♑	09.46 ♓	♈	♉ 15.37	08.08 ♋	♌ ●	08.53 ♎	01.04 ♏	♐ 19.18	04.37 ♒
6	♏	♑	♑	♓	♈	♊ ●	♋ ●	♌ 14.55	♎	♏	♑	♒
7	04.45 ♐	♑ 15.27	00.50 ♒	♓ 12.29	01.02 ♉	♊	♋ 20.12	♍	♎ 19.11	08.29 ♐	♑ 22.32	06.45 ♓
8	♐	♒ ●	♒	♈ ●	♉ ●	01.47 ♋	♌	♍	♏	♐	♒	♓ ◑
9	05.12 ♑	♒ 15.00	01.33 ♓	♈ 16.51	08.30 ♊	♋	♌	03.10 ♎	♏	♐ 13.45	♒ ◑	10.03 ♈
10	♑ ●	♓	♓ ●	♉	♊	♋ 13.41	08.58 ♍	♎	03.04 ♐	♑ ◑	01.24 ♓	♈
11	04.08 ♒	♓ 16.22	03.04 ♈	♉ 23.56	♊ 18.21	♌	♍	♎ 13.36	♐ ◑	♑ 17.06	♓	♈ 14.47
12	♒	♈	♈	♊	♋	♌	♍ 21.10	♏	07.58 ♑	♒	04.23 ♈	♉
13	03.51 ♓	♈ 21.19	07.06 ♉	♊	♋	02.23 ♍	♎	♏ 20.48 ◑	♑	♒ 19.06	♈	♉ 21.00
14	♓	♉	♉	10.04 ♋	06.18 ♌	♍	♎ ◑	♐	10.03 ♒	♓	08.03 ♉	♊
15	06.28 ♈	♉	♉ 14.45	♋	♌	♍ 14.00 ◑	06.52 ♏	♐	♒	♓ 20.40	♉	♊ ○
16	♈	06.19 ♊ ◑	♊	♋ 22.18 ◑	♌ 18.47 ◑	♎	♏	00.14 ♑	10.25 ♓	♈	♉ 13.11 ○	05.02 ♋
17	♈ 13.07 ◑	♊	♊ ◑	♌	♍	♎ 22.25	♏ 12.36	♑	♓	♈ 23.05 ○	♊	♋
18	♉	♊ 18.14	01.45 ♋	♌	♍	♏	♐	00.40 ♒	10.44 ♈ ○	♉	♊ 20.43	♋ 15.19
19	♉ 23.25	♋	♋	10.28 ♍	05.31 ♎	♏	♐ 14.27	♒ ○	♈	♉	♋	♌
20	♊	♋	♋ 14.18	♍	♎	02.46 ♐	♑	00.53 ♓	♈ 12.48	03.45 ♊	♋	♌
21	♊	06.56 ♌	♌	♍ 20.28	♎ 12.50	♐	♑ 13.56 ○	♓	♉	♊	07.11 ♌	03.40 ♍
22	11.43 ♋	♌	♌	♎	♏	03.53 ♑ ○	♒	00.02 ♈	♉ 18.08	11.42 ♋	♌	♍
23	♋	♌ 18.45	02.11 ♍	♎	♏ 16.39 ○	♑	♒ 13.12	♈	♊	♋	♌ 19.43 ◐	♍ 16.27 ◐
24	♋	♍ ○	♍	03.26 ♏ ○	♐	03.37 ♒	♓	02.59 ♉	♊	♋ 22.50	♍	♎
25	00.22 ♌ ○	♍	♍ 12.01 ○	♏	♐ 18.12	♒	♓ 14.24	♉	03.11 ♋ ◐	♌ ◐	♍	♎
26	♌	05.00 ♎	♎	07.47 ♐	♑	04.04 ♓	♈	09.44 ♊ ◐	♋	♌	07.59 ♎	03.05 ♏
27	♌ 12.25	♎	♎ 19.30	♐	♑ 19.11	♓	♈ 18.55	♊	♋ 15.04	11.29 ♍	♎	♏
28	♍	♎ 13.22	♏	10.34 ♑	♒	06.52 ♈ ◐	♉ ◐	♊ 19.58	♌	♍	♎ 17.34	09.45 ♐
29	♍ 23.14		♏	♑	♒ 21.10	♈	♉	♋	♌	♍ 23.16	♏	♐
30	♎		00.58 ♐	♑ 12.55	♓ ◐	♈ 12.46	03.03 ♊	♋	03.45 ♍	♎	♏ 23.33	♐ 12.36
31	♎		♐		♓		♊	08.15 ♌		♎		♑ ●

8. April: Ringförmige totale Sonnenfinsternis 21.36 (♈); 24. April: Halbschatten-Mondfinsternis 10.55 (♏);
3. Oktober: Ringförmige Sonnenfinsternis 11.32 (♎); 17. Oktober: Partielle Mondfinsternis 13.03 (♈)

2006	Jan.	Febr.	März	April	Mai	Juni	Juli	August	Sept.	Okt.	Nov.	Dez.
1	♑ 13.15	♓ 23.47	10.20 ♈	♉	♊ 16.18	♌	♍	♎ 14.09	♐	♑	♓	♈
2	♒	♈	♈	00.50 ♊	♋	♌ 21.18	♍ 18.07	♏ ◐	♐ 14.36	04.25 ♒	♓ 16.47	02.27 ♉
3	♒ 13.45	♈	11.23 ♉	♊	♋	♍	♎ ◐	♏	♑	♒	♈	♉
4	♓	02.32 ♉	♉	07.16 ♋	01.19 ♌	♍ ◐	♎	00.14 ♐	♑ 19.16	06.34 ♓	♈ 17.06	04.06 ♊
5	♓ 15.45	♉ ◐	♉ 15.39	♋ ◐	♌ ◐	10.09 ♎	06.14 ♏	♐	♒	♓	♉ ○	♊ ○
6	♈ ◐	08.33 ♊	♊ ◐	♋ 17.26	♌ 13.21	♎	♏	06.21 ♑	♒ 19.58	06.33 ♈	♉ 17.47	07.02 ♋
7	♈ 20.10	♊	♊ 23.39	♌	♍	♎ 21.42	♏ 15.15	♑	♓ ○	♈ ○	♊	♋
8	♉	♊ 17.34	♋	♌	♍	♏	♐	08.49 ♒	♓ 19.24	06.05 ♉	♊ 20.47	♋ 12.53
9	♉	♋	♋	06.00 ♍	02.11 ♎	♏	♐ 20.26	♒ ○	♈	♉	♋	♌
10	03.00 ♊	♋	10.43 ♌	♍	♎	06.06 ♐	♑	09.11 ♓	♈ 19.31	07.07 ♊	♋	♌ 22.32
11	♊	04.45 ♌	♌	♍ 18.48	♎ 13.26	♐ ○	♑ 22.47 ○	♓	♉	♊	03.35 ♌	♍
12	11.51 ♋	♌	♌ 23.25	♎	♏	11.20 ♑	♒	09.23 ♈	♉ 22.00	11.22 ♋	♌ ◑	♍ ◑
13	♋	♌ 17.14 ○	♍	♎ ○	♏ 21.57 ○	♑	♒	♈	♊	♋	♌ 14.20	11.02 ♎
14	♋ 22.32 ○	♍	♍	06.09 ♏	♐	♑ 14.33	00.01 ♓	11.01 ♉	♊ ◑	♋ 19.39 ◑	♍	♎
15	♌	♍	♍ 12.14 ○	♏	♐	♒	♓	♉	03.55 ♋	♌	♍	♎ 23.44
16	♌	06.10 ♎	♎	♏ 15.21	04.00 ♑	♒ 17.06	01.40 ♈	♉ 15.08 ◑	♋	♌	03.15 ♎	♏
17	10.50 ♍	♎	♎	♐	♑	♓	♈ ◑	♊	♋ 13.16	07.17 ♍	♎	♏
18	♍	♎ 18.12	00.00 ♏	♐ 22.14	08.20 ♒	♓ 19.55 ◑	04.45 ♉	♊ 22.04	♌	♍	♎ 15.48	10.11 ♐
19	♍ 23.50	♏	♏	♑	♒	♈	♉	♋	♌	♍ 20.20	♏	♐
20	♎	♏	09.44 ♐	♑	11.40 ♓ ◑	♈ 23.24	09.39 ♊	♋	01.08 ♍	♎	♏ ●	♐ 17.40 ●
21	♎	03.39 ♐ ◑	♐	02.57 ♒ ◑	♓	♉	♊	07.34 ♌	♍	♎	02.16 ♐	♑
22	11.30 ♏ ◑	♐	♐ 16.37 ◑	♒	♓ 14.25	♉	♊ 16.29	♌	♍ 14.07 ●	08.55 ♏ ●	♐	♑ 22.50
23	♏	09.17 ♑	♑	05.44 ♓	♈	03.50 ♊	♋	♌ 19.09 ●	♎	♏	10.26 ♑	♒
24	♏ 19.39	♑	♑ 20.22	♓	♈ 17.02	♊	♋	♍	♎	♏ 19.54	♑	♒
25	♐	11.16 ♒	♒	07.13 ♈	♉	09.49 ♋ ●	01.26 ♌ ●	♍	02.55 ♏	♐	♑ 16.42	02.44 ♓
26	♐ 23.32	♒	♒ 21.34	♈	♉ 20.20	♋	♌	08.02 ♎	♏	♐	♒	♓
27	♑	10.57 ♓	♓	08.28 ♉ ●	♊ ●	♋ 18.10	♌ 12.37	♎	♏ 14.17	04.48 ♑	♒ 21.22	06.05 ♈ ◐
28	♑	♓ ●	♓ 21.32	♉	♊	♌	♍	♎ 20.57	♐	♑	♓ ◐	♈
29	00.10 ♒ ●		♈ ●	10.59 ♊	01.35 ♋	♌	♍	♏	♐ 23.02	11.18 ♒ ◐	♓	09.09 ♉
30	♒ 23.33		♈ 22.02	♊	♋	05.16 ♍	01.28 ♎	♏	♑ ◐	♒	00.31 ♈	♉
31	♓		♉		09.53 ♌		♎	08.01 ♐ ◐		♒ 15.12		♉ 12.17

15. März: Halbschatten-Mondfinsternis 00.48 (♍); 29. März: Totale Sonnenfinsternis 11.11 (♈);
7. September: Partielle Mondfinsternis 19.51 (♓); 22. September: Ringförmige Sonnenfinsternis 12.40 (♍)

2007	Jan.	Febr.	März	April	Mai	Juni	Juli	August	Sept.	Okt.	Nov.	Dez.
1	♊	06.16 ♌	♌	♍ 16.44	11.42 ♏	♐ ○	♑	♓	06.36 ♉	♊	05.49 ♌ ◑	♍ ◑
2	♊ 16.15	♌ ○	♌ 22.33	♎ ○	♏ ○	♐ 16.10	06.25 ♒	♓ 21.44	♉	♊ 17.58	♌	♍
3	♋ ○	♌ 15.35	♍	♎	♏ 23.49	♑	♒	♈	08.31 ♊	♋ ◑	♌ 13.46	07.02 ♎
4	♋ 22.15	♍	♍ ○	05.37 ♏	♐	♑	11.53 ♓	♈	♊ ◑	♋ 23.28	♍	♎
5	♌	♍	10.26 ♎	♏	♐	00.16 ♒	♓	00.17 ♉ ◑	♊ 12.09	♌	♍	♎ 19.32
6	♌	03.16 ♎	♎	♏ 17.58	10.22 ♑	♒	♓ 15.58	♉	♋	♌	00.48 ♎	♏
7	07.19 ♍	♎	♎ 23.18	♐	♑	06.25 ♓	♈ ◑	03.02 ♊	♋ 18.00	08.04 ♍	♎	♏
8	♍	♎ 16.11	♏	♐	♑ 18.49	♓ ◑	♈ 18.55	♊	♌	♍	♎ 13.19	08.12 ♐
9	♍ 19.16	♏	♏	04.37 ♑	♒	10.27 ♈	♉	06.37 ♋	♌	♍ 18.59	♏	♐ ●
10	♎	♏ ◑	11.38 ♐	♑ ◑	♒ ◑	♈	♉ 21.11	♋	02.11 ♍	♎	♏ ●	♐ 19.52
11	♎ ◑	04.02 ♐	♐	♑ 12.24	00.33 ♓	♈ 12.30	♊	11.43 ♌	♍ ●	♎ ●	02.00 ♐	♑
12	08.09 ♏	♐	♐ 21.36 ◑	♒	♓	♉	♊ 23.40	♌	♍ 12.32	07.14 ♏	♐	♑
13	♏	♐ 12.43	♑	♒ 16.40	03.20 ♈	♉ 13.25	♋	♌ 19.04 ●	♎	♏	♐ 14.02	06.02 ♒
14	♏ 19.12	♑	♑	♓	♈	♊	♋ ●	♍	♎	♏ 19.59	♑	♒
15	♐	♑ 17.36	03.53 ♒	♓ 17.48	03.49 ♉	♊ 14.46 ●	03.44 ♌	♍	00.38 ♏	♐	♑	♒ 14.16
16	♐	♒	♒	♈	♉ ●	♋	♌	05.05 ♎	♏	♐	00.31 ♒	♓
17	02.50 ♑	♒ 19.31 ●	06.31 ♓	♈ 17.12 ●	03.35 ♊	♋ 18.26	10.40 ♍	♎	♏ 13.22	08.04 ♑	♒ ◐	♓ 19.54 ◐
18	♑	♓	♓	♉	♊	♌	♍	♎ 17.14	♐	♑	08.16 ♓	♈
19	07.17 ♒ ●	♓ 20.07	06.43 ♈ ●	♉ 16.52	04.39 ♋	♌	♍ 20.54	♏	♐ ◐	♑ 17.53 ◐	♓	♈ 22.39
20	♒	♈	♈	♊	♋	01.47 ♍	♎	♏	00.53 ♑	♒	♓ 12.25	♉
21	09.49 ♓	♈ 21.04	06.16 ♉	♊ 18.51	08.58 ♌	♍	♎	05.45 ♐ ◐	♑	♒	♈	♉ 23.15
22	♓	♉	♉	♋	♌	♍ 12.45 ◐	09.19 ♏ ◐	♐	09.19 ♒	00.03 ♓	♈ 13.20	♊
23	11.53 ♈	♉ 23.43	07.07 ♊	♋	♌ 17.27 ◐	♎	♏	♐ 16.21	♒	♓	♉	♊ 23.19
24	♈	♊ ◐	♊	00.39 ♌ ◐	♍	♎	♏ 21.31	♑	♒ 13.56	02.25 ♈	♉ 12.30 ○	♋ ○
25	♈ 14.30	♊	10.50 ♋ ◐	♌	♍	01.28 ♏	♐	♑ 23.36	♓	♈	♊	♋
26	♉ ◐	04.49 ♋	♋	10.25 ♍	05.17 ♎	♏	♐	♒	♓ 15.24 ○	02.08 ♉ ○	♊ 12.08	00.53 ♌
27	♉ 18.11	♋	♋ 18.05	♍	♎	♏ 13.25	07.22 ♑	♒	♈	♉	♋	♌
28	♊	♋ 12.31	♌	♍ 22.46	♎ 18.12	♐	♑	03.35 ♓ ○	♈ 15.18	01.12 ♊	♋ 14.24	05.45 ♍
29	♊ 23.17		♌	♎	♏	♐ 23.06	♑ 14.15	♓	♉	♊	♌	♍
30	♋		04.28 ♍	♎	♏	♑ ○	♒ ○	05.26 ♈	♉ 15.35	01.51 ♋	♌ 20.45	♍ 14.38
31	♋		♍		06.08 ♐		♒ 18.42	♈		♋		♎ ◑

4. März: Totale Mondfinsternis 00.21 (♍); 19. März: Partielle Sonnenfinsternis 03.32 (♓);
28. August: Totale Mondfinsternis 11.37 (♓); 11. September: Partielle Sonnenfinsternis 13.31 (♍)

2008	Jan.	Febr.	März	April	Mai	Juni	Juli	August	Sept.	Okt.	Nov.	Dez.
1	♎	♐	♐ 19.34	♒	♓	♉	♊	♌ ●	♍ 12.46	05.27 ♏	♐	♑
2	02.33 ♏	♐	♑	♒ 21.56	11.52 ♈	♉ 23.07	08.54 ♋	♌ 22.00	♎	♏	♐ 12.14	07.46 ♒
3	♏	10.53 ♑	♑	♓	♈	♊ ●	♋ ●	♍	♎ 21.03	♏ 16.15	♑	♒
4	♏ 15.14	♑	05.26 ♒	♓	♈ 12.59	♊ 22.17	09.16 ♌	♍	♏	♐	♑	♒ 19.24
5	♐	♑ 20.11	♒	01.28 ♈	♉ ●	♋	♌	03.29 ♎	♏	♐	01.03 ♒	♓ ◐
6	♐	♒	11.54 ♓	♈ ●	♉ 12.18	♋ 23.01	♌ 12.05	♎	08.12 ♐	04.50 ♑	♒ ◐	♓
7	02.44 ♑	♒ ●	♓ ●	02.21 ♉	♊	♌	♍	♎ 12.27	♐ ◐	♑ ◐	11.44 ♓	03.45 ♈
8	♑ ●	02.47 ♓	♓ 15.24	♉	♊ 12.03	♌	♍ 18.32	♏ ◐	♐ 20.46	♑ 17.04	♓	♈
9	♑ 12.14	♓	♈	02.28 ♊	♋	03.02 ♍	♎	♏	♑	♒	♓ 18.27	07.53 ♉
10	♒	07.18 ♈	♈ 17.15	♊	♋ 14.11	♍ ◐	♎ ◐	00.11 ♐	♑	♒	♈	♉
11	♒ 19.45	♈	♉	03.44 ♋	♌	10.56 ♎	04.36 ♏	♐	08.21 ♒	02.32 ♓	♈ 21.06	08.34 ♊
12	♓	10.35 ♉	♉ 18.55	♋ ◐	♌ 19.49 ◐	♎	♏	♐ 12.43	♒	♓	♉	♊ ○
13	♓	♉	♊	07.30 ♌	♍	♎ 21.54	♏ 16.51	♑	♒ 17.06	08.08 ♈	♉ 21.12 ○	07.41 ♋
14	01.24 ♈	♉ 13.20 ◐	♊ 21.39 ◐	♌	♍	♏	♐	♑ 23.57	♓	♈ ○	♊	♋
15	♈ ◐	♊	♋	♌ 14.08	04.47 ♎	♏	♐	♒	♓ 22.40 ○	10.32 ♉	♊ 20.53	07.24 ♌
16	05.14 ♉	♊ 16.13	♋	♍	♎	10.21 ♐	05.21 ♑	♒ ○	♈	♉	♋	♌
17	♉	♋	02.05 ♌	♍ 23.11	♎ 16.00	♐	♑	08.47 ♓	♈	11.26 ♊	♋ 22.09	09.37 ♍
18	07.31 ♊	♋ 19.52	♌	♎	♏	♐ 22.53 ○	♑ 16.41 ○	♓	01.58 ♉	♊	♌	♍
19	♊	♌	08.26 ♍	♎	♏	♑	♒	♓ 15.11	♉	♊ 12.41	♌ ◑	♍ 15.24 ◑
20	09.06 ♋	♌	♍	10.01 ♏ ○	04.20 ♐ ○	♑	♒	♈	04.18 ♊	♋	02.14 ♍	♎
21	♋	01.07 ♍ ○	♍ 16.46 ○	♏	♐	10.35 ♒	02.09 ♓	♈ 19.39	♊	♋ 15.36 ◑	♍	♎
22	11.21 ♌ ○	♍	♎	♏ 22.08	♐ 16.56	♒	♓	♉	06.50 ♋ ◑	♌	09.21 ♎	00.38 ♏
23	♌	08.46 ♎	♎	♐	♑	♒ 20.33	09.23 ♈	♉ 22.49	♋	♌ 20.41	♎	♏
24	♌ 15.49	♎	03.07 ♏	♐	♑	♓	♈	♊ ◑	10.15 ♌	♍	♎ 18.55	♏ 12.14
25	♍	♎ 19.07	♏	10.48 ♑	04.53 ♒	♓	♈ 14.15 ◑	♊	♌	♍	♏	♐
26	♍ 23.36	♏	♏ 15.12	♑	♒	03.50 ♈ ◑	♉	01.20 ♋	♌ 14.53	03.49 ♎	♏	♐
27	♎	♏	♐	♑ 22.28	♒ 14.40	♈	♉ 16.56	♋	♍	♎	06.15 ♐ ●	00.57 ♑ ●
28	♎	07.23 ♐	♐	♒ ◑	♓ ◑	07.51 ♉	♊	03.52 ♌	♍ 21.07	♎ 12.48	♐	♑
29	10.36 ♏	♐ ◑	03.44 ♑ ◑	♒	♓ 20.54	♉	♊ 18.13	♌	♎ ●	♏ ●	♐ 18.49	♑ 13.44
30	♏ ◑		♑	07.12 ♓	♈	09.04 ♊	♋	07.19 ♍ ●	♎	♏ 23.42	♑	♒
31	♏ 23.09		♑ 14.35		♈ 23.20		♋ 19.23	♍		♐		♒

7. Februar: Ringförmige Sonnenfinsternis 04.55 (♒); 21. Februar: Totale Mondfinsternis 04.26 (♍);
1. August: Totale Sonnenfinsternis 11.21 (♌); 16. August: Partielle Mondfinsternis 22.10 (♒)

2009	Jan.	Febr.	März	April	Mai	Juni	Juli	August	Sept.	Okt.	Nov.	Dez.
1	01.28 ♓	♈ 23.10	04.34 ♉	♊ 17.31	01.57 ♌ ◐	♍ 16.18	05.20 ♏	♐	04.44 ♒	00.27 ♓	♈	♉ 15.24
2	♓	♉	♉	♋ ◐	♌	♎	♏	09.09 ♑	♒	♓	01.46 ♉ ○	♊ ○
3	10.51 ♈	♉ ◐	09.00 ♊	♋ 20.34	05.38 ♍	♎ 23.45	♏ 15.12	♑	♒ 16.59	10.22 ♈	♉	♊ 17.02
4	♈ ◐	03.16 ♊	♊ ◐	♌	♍	♏	♐	♑ 22.09	♓ ○	♈ ○	05.54 ♊	♋
5	♈ 16.47	♊	♊ 12.08	♌	10.52 ♎	♏	♐	♒	♓	♈ 17.34	♊	♋ 18.08
6	♉	05.07 ♋	♋	00.02 ♍	♎	09.25 ♐	03.09 ♑	♒ ○	03.15 ♈	♉	08.44 ♋	♌
7	♉ 19.13	♋	♋ 14.25	♍	♎ 17.49	♐ ○	♑ ○	10.35 ♓	♈	♉ 22.48	♋	♌ 20.07
8	♊	05.44 ♌	♌	04.23 ♎	♏	♐ 21.01	♑ 16.04	♓	11.19 ♉	♊	11.24 ♌	♍
9	♊ 19.15	♌ ○	♌ 16.35	♎ ○	♏ ○	♑	♒	♓ 21.24	♉	♊	♌ ◑	♍ 23.48 ◑
10	♋	06.39 ♍	♍	10.24 ♏	02.50 ♐	♑	♒	♈	♉ 17.18	02.49 ♋	♌ 14.31	♎
11	♋ 18.42 ○	♍	♍ 19.47 ○	♏	♐	09.54 ♒	04.45 ♓	♈	♊	♋ ◑	♍	♎
12	♌	09.34 ♎	♎	♏ 19.02	♐ 14.10	♒	♓	05.51 ♉	♊ 21.21 ◑	06.04 ♌	♍ 18.23	05.33 ♏
13	♌ 19.34	♎	♎	♐	♑	♒ 22.33	♓ 15.41	♉ ◑	♋	♌	♎	♏
14	♍	♎ 15.52	01.24 ♏	♐	♑	♓	♈	11.27 ♊	♋ 23.40	08.46 ♍	♎ 23.25	♏ 13.26
15	♍ 23.31	♏	♏	06.28 ♑	03.02 ♒	♓ ◑	♈ 23.31 ◑	♊	♌	♍	♏	♐
16	♎	♏ ◑	10.23 ♐	♑	♒	08.53 ♈	♉	♊ 14.14	♌	11.31 ♎	♏ ●	♐ 23.33 ●
17	♎	01.54 ♐	♐	♑ 19.20 ◑	♒ 15.18 ◑	♈	♉	♋	00.57 ♍	♎	06.23 ♐	♑
18	07.21 ♏ ◑	♐	♐ 22.20 ◑	♒	♓	♈ 15.21	03.42 ♊	♋ 14.58	♍ ●	♎ 15.24 ●	♐	♑
19	♏	♐ 14.26	♑	♒	♓	♉	♊	♌	02.27 ♎	♏	♐ 16.02	11.40 ♒
20	♏ 18.31	♑	♑	06.56 ♓	00.31 ♈	♉ 18.01	04.52 ♋	♌ 15.01 ●	♎	♏ 21.50	♑	♒
21	♐	♑	11.08 ♒	♓	♈	♊	♋	♍	05.53 ♏	♐	♑	♒
22	♐	03.07 ♒	♒	♓ 15.10	05.41 ♉	♊ 18.13 ●	04.29 ♌ ●	♍ 16.13	♏	♐	04.12 ♒	00.43 ♓
23	07.19 ♑	♒	♒ 22.09	♈	♉	♋	♌	♎	♏ 12.44	07.40 ♑	♒	♓
24	♑	♒ 14.01	♓	♈ 19.47	07.35 ♊ ●	♋ 17.51	04.24 ♍	♎ 20.17	♐	♑	♒ 17.09 ◐	♓ 12.41 ◐
25	♑ 19.58	♓ ●	♓	♉ ●	♊	♌	♍	♏	♐ 23.20	♑ 20.09	♓	♈
26	♒ ●	♓ 22.25	06.04 ♈ ●	♉ 22.03	07.59 ♋	♌ 18.48	06.27 ♎	♏	♑ ◐	♒ ◐	♓	♈ 21.27
27	♒	♈	♈	♊	♋	♍	♎	04.17 ♐ ◐	♑	♒	04.12 ♈	♉
28	07.13 ♓	♈	11.10 ♉	♊ 23.39	08.45 ♌	♍ 22.26	11.57 ♏ ◐	♐	♑ 12.08	08.46 ♓	♈	♉
29	♓		♉	♋	♌	♎ ◐	♏	♐ 15.45	♒	♓	11.35 ♉	02.14 ♊
30	♓ 16.26		♉ 14.37	♋	11.19 ♍	♎	♏ 21.11	♑	♒	♓ 18.58	♉	♊
31	♈		♊		♍ ◐		♐	♑		♈		03.46 ♋ ○

26. Januar: Ringförmige Sonnenfinsternis 08.59 (♒); 9. Februar: Halbschatten-Mondfinsternis 15.38 (♌); 7. Juli: Halbschatten-Mondfinsternis 10.39 (♑); 22. Juli: Totale Sonnenfinsternis 03.35 (♋); 6. August: Halbschatten-Mondfinsternis 01.39 (♒); 31. Dezember: Partielle Mondfinsternis 20.23 (♋)

2010	Jan.	Febr.	März	April	Mai	Juni	Juli	August	Sept.	Okt.	Nov.	Dez.
1	♋	♍	♍	♏	♐	06.09 ♒	02.11 ♓	♈	01.20 ♊ ◑	♋ ◑	04.52 ♍	♎
2	03.42 ♌	♍ 14.43	01.32 ♎	♏ 17.54	11.01 ♑	♒	♓	09.14 ♉	♊	♋ 19.22	♍	♎ 15.45
3	♌	♎	♎	♐	♑	♒ 18.35	♓ 14.45	♉ ◑	07.52 ♋	♌	06.20 ♎	♏
4	03.54 ♍	♎ 17.57	03.12 ♏	♐	♑ 21.53	♓ ◑	♈ ◑	♉ 17.55	♋	♌ 21.01	♎	♏ 19.00
5	♍	♏	♏	02.08 ♑	♒	♓	♈	♊	10.46 ♌	♍	07.17 ♏	♐ ●
6	05.59 ♎	♏ ◑	08.37 ♐	♑ ◑	♒ ◑	06.51 ♈	01.30 ♉	♊ 22.51	♌	♍ 20.53	♏ ●	♐
7	♎ ◑	01.05 ♐	♐ ◑	♑ 13.52	10.35 ♓	♈	♉	♋	10.54 ♍	♎ ●	09.29 ♐	00.17 ♑
8	11.01 ♏	♐	♐ 18.14	♒	♓	♈ 16.42	08.52 ♊	♋	♍ ●	♎ 20.53	♐	♑
9	♏	11.45 ♑	♑	♒	♓ 22.30	♉	♊	00.24 ♌	10.02 ♎	♏	♐ 14.38	08.32 ♒
10	♏ 19.11	♑	♑	02.49 ♓	♈	♉ 23.12	♊ 12.39	♌ ●	♎	♏ 23.10	♑	♒
11	♐	♑	06.43 ♒	♓	♈	♊	♋ ●	00.02 ♍	10.22 ♏	♐	♑ 23.33	♒ 19.42
12	♐	00.25 ♒	♒	♓ 14.32	07.49 ♉	♊ ●	♋ 13.54	♍ 23.44	♏	♐	♒	♓
13	05.55 ♑	♒	♒ 19.45	♈	♉	02.51 ♋	♌	♎	♏ 13.53	05.18 ♑	♒ ◐	♓ ◐
14	♑	♒ 13.24 ●	♓	♈ 23.56 ●	♉ 14.19 ●	♋	♌ 14.16	♎	♐	♑ ◐	11.25 ♓	08.16 ♈
15	♑ 18.18 ●	♓	♓ ●	♉	♊	04.55 ♌	♍	01.27 ♏	♐ 21.31 ◐	♑ 15.25	♓	♈
16	♒	♓	07.33 ♈	♉	♊ 18.47	♌	♍ 15.25	♏ ◐	♑	♒	♓	♈ 19.50
17	♒	01.31 ♈	♈	07.09 ♊	♋	06.42 ♍	♎	06.35 ♐	♑	♒	00.00 ♈	♉
18	07.18 ♓	♈	♈ 17.30	♊	♋ 22.07	♍	♎ 18.43 ◐	♐	08.36 ♒	03.53 ♓	♈	♉
19	♓	11.56 ♉	♉	♊ 12.40	♌	09.14 ♎ ◐	♏	♐ 15.18	♒	♓	11.05 ♉	04.38 ♊
20	♓ 19.37	♉	♉	♋	♌	♎	♏	♑	♒ 21.16	♓ 16.24	♉	♊
21	♈	♉ 19.48	01.29 ♊	♋ 16.43 ◐	00.59 ♍ ◐	♎ 13.15	00.50 ♐	♑	♓	♈	♉ 19.47 ○	10.23 ♋ ○
22	♈	♊ ◐	♊	♌	♍	♏	♐	02.38 ♒	♓	♈	♊	♋
23	05.41 ♉ ◐	♊	07.17 ♋ ◐	♌ 19.25	03.51 ♎	♏ 19.11	09.40 ♑	♒	09.48 ♈ ○	03.31 ♉ ○	♊	♋ 13.52
24	♉	00.30 ♋	♋	♍	♎	♐	♑	♒ 15.12 ○	♈	♉	02.15 ♋	♌
25	♉ 12.12	♋	10.40 ♌	♍ 21.18	07.18 ♏	♐	♑ 20.39	♓	♈ 21.18	♉ 12.49	♋	♌ 16.15
26	♊	02.09 ♌	♌	♎	♏	03.22 ♑ ○	♒ ○	♓	♉	♊	07.02 ♌	♍
27	♊ 15.02	♌	11.58 ♍	♎ 23.30	♏ 12.17	♑	♒	03.50 ♈	♉	♊ 20.15	♌	♍ 18.39
28	♋	01.53 ♍ ○	♍	♏ ○	♐ ○	♑ 13.53	09.01 ♓	♈	07.12 ♊	♋	10.35 ♍ ◑	♎ ◑
29	♋ 15.11		♍ 12.22	♏	♐ 19.45	♒	♓	♈ 15.36	♊	♋	♍	♎ 21.51
30	♌ ○		♎ ○	03.37 ♐	♑	♒	♓ 21.43	♉	♊ 14.47	01.40 ♌ ◑	♍ 13.16	♏
31	♌ 14.24		♎ 13.42		♑		♈	♉		♌		♏

15. Januar: Ringförmige Sonnenfinsternis 08.07 (♑); 26. Juni: Partielle Mondfinsternis 12.39 (♑);
11. Juli: Totale Sonnenfinsternis 20.34 (♋); 21. Dezember: Totale Mondfinsternis 09.17 (♊)

2011	Jan.	Febr.	März	April	Mai	Juni	Juli	August	Sept.	Okt.	Nov.	Dez.
1	02.22 ♐	♑	06.15 ♒	♓	♈	00.57 ♊ ●	♋ ●	09.43 ♍	♎ 19.49	05.43 ♐	♑ 23.09	♒ 15.46
2	♐	00.22 ♒	♒	♓ 12.17	06.59 ♉	♊	♋ 22.44	♍	♏	♐	♒ ◐	♓ ◐
3	08.40 ♑	♒ ●	♒ 17.48	♈ ●	♉ ●	09.37 ♋	♌	11.05 ♎	♏ 22.05	09.17 ♑	♒	♓
4	♑ ●	11.25 ♓	♓ ●	♈	♉ 18.10	♋	♌	♎	♐ ◐	♑ ◐	08.19 ♓	02.52 ♈
5	♑ 17.09	♓	♓	00.47 ♉	♊	♋ 16.04	02.16 ♍	♎ 12.58	♐	♑ 16.19	♓	♈
6	♒	♓ 23.47	06.15 ♈	♉	♊	♌	♍	♏ ◐	03.05 ♑	♒	♓ 20.03	♈ 15.36
7	♒	♈	♈	♉ 12.23	03.33 ♋	♌ 20.34	04.55 ♎	♏ 16.22	♑	♒	♈	♉
8	03.58 ♓	♈	♈ 18.53	♊	♋	♍	♎ ◐	♐	10.43 ♒	02.14 ♓	♈	♉
9	♓	♈ 12.24	♉	♊ 22.03	10.36 ♌	♍ 23.32 ◐	07.32 ♏	♐ 21.39	♒	♓	08.46 ♉	03.53 ♊
10	♓ 16.25	♉	♉	♋	♌ ◐	♎	♏	♑	♒ 20.27	♓ 13.58	♉ ○	♊ ○
11	♈	♉ 23.22 ◐	06.32 ♊	♋ ◐	♌ 15.00	♎	10.48 ♐	♑	♓	♈	♉ 21.11	♊ 14.27
12	♈ ◐	♊	♊	04.38 ♌	♍	01.34 ♏	♐	04.49 ♒	♓ ○	♈ ○	♊	♋
13	04.38 ♉	♊	♊ 15.31 ◐	♌	♍ 16.58	♏	♐ 15.15	♒ ○	07.50 ♈	02.36 ♉	♊	♋ 22.49
14	♉	06.50 ♋	♋	07.41 ♍	♎	03.39 ♐	♑	♒ 13.55	♈	♉	08.20 ♋	♌
15	♉ 14.24	♋	♋ 20.34	♍	♎ 17.33	♐ ○	♑ 21.31 ○	♓	♈ 20.26	♉ 15.16	♋	♌
16	♊	10.15 ♌	♌	08.00 ♎	♏	07.00 ♑	♒	♓	♉	♊	♋ 17.18	05.00 ♍
17	♊ 20.30	♌	♌ 21.54	♎	♏ 18.24 ○	♑	♒	01.03 ♈	♉	♊	♌	♍
18	♋	10.40 ♍ ○	♍	07.20 ♏ ○	♐	♑ 12.48	06.14 ♓	♈	09.07 ♊	02.39 ♋	♌ 23.20 ◑	09.07 ♎ ◑
19	♋ 23.17 ○	♍	♍ 21.04 ○	♏	♐ 21.17	♒	♓	♈ 13.37	♊	♋	♍	♎
20	♌	10.02 ♎	♎	07.51 ♐	♑	♒ 21.46	♓ 17.26	♉	♊ 19.55 ◑	11.07 ♌ ◑	♍	11.34 ♏
21	♌	♎	♎ 20.18	♐	♑	♓	♈	♉ ◑	♋	♌	02.17 ♎	♏
22	00.11 ♍	10.30 ♏	♏	11.25 ♑	03.33 ♒	♓	♈	01.54 ♊	♋	♌ 15.42	♎	♏ 13.04
23	♍	♏	♏ 21.46	♑	♒	09.25 ♈ ◑	05.59 ♉ ◑	♊	02.56 ♌	♍	02.59 ♏	♐
24	01.00 ♎	♏ 13.47	♐	♑ 19.00	♒ 13.25 ◑	♈	♉	11.32 ♋	♌	♍ 16.50	♏	♐ 14.48 ●
25	♎	♐ ◑	♐	♒ ◑	♓	♈ 21.54	♉ 17.35	♋	05.50 ♍	♎	02.58 ♐ ●	♑
26	03.17 ♏ ◑	♐ 20.33	02.58 ♑ ◑	♒	♓	♉	♊	♋ 17.10	♍	♎ 16.09 ●	♐	♑ 18.15
27	♏	♑	♑	05.59 ♓	01.37 ♈	♉	♊	♌	05.52 ♎ ●	♏	04.06 ♑	♒
28	07.56 ♐	♑	♑ 12.01	♓	♈	08.57 ♊	02.13 ♋	♌ 19.14	♎	♏ 15.46	♑	♒
29	♐		♒	♓ 18.34	♈ 14.03	♊	♋	♍ ●	05.06 ♏	♐	08.03 ♒	00.46 ♓
30	♐ 15.05		♒ 23.39	♈	♉	♊ 17.14	07.17 ♌ ●	♍ 19.26	♏	♐ 17.40	♒	♓
31	♑		♓		♉		♌	♎		♑		10.49 ♈

4. Januar: Partielle Sonnenfinsternis 09.51 (♑); 1. Juni: Partielle Sonnenfinsternis 22.16 (♊); 15. Juni: Totale Mondfinsternis 21.13 (♐);
1. Juli: Partielle Sonnenfinsternis 09.39 (♋); 25. November: Partielle Sonnenfinsternis 07.20 (♐); 10. Dezember: Totale Mondfinsternis 15.32 (♊)

2012	Jan.	Febr.	März	April	Mai	Juni	Juli	August	Sept.	Okt.	Nov.	Dez.
1	♈ ◐	♉ 20.16	♊ ◐	09.37 ♌	00.03 ♍	♎ 13.32	♐	10.57 ♒	♓	♈	♊	♋
2	♈ 23.17	♊	♊ 16.09	♌	♍	♏	♐ 23.52	♒ ◯	06.38 ♈	00.27 ♉	♊	♋
3	♉	♊	♋	♌ 14.54	03.05 ♎	♏ 13.33	♑ ◯	♒ 14.59	♈	♉	08.44 ♋	02.58 ♌
4	♉	07.05 ♋	♋	♍	♎	♐ ◯	♑	♓	♈ 16.42	♉ 12.48	♋	♌
5	11.45 ♊	♋	00.19 ♌	♍ 16.33	03.21 ♏	♐ 13.32	01.27 ♒	♓ 22.00	♉	♊	♋ 20.40	♌ 12.53
6	♊	♋ 14.25	♌	♎ ◯	♏ ◯	♑	♒	♈	♉	♊	♌	♍ ◑
7	♊ 22.06	♌ ◯	04.28 ♍	♎ 16.19	02.40 ♐	♑ 15.18	05.30 ♓	♈	05.11 ♊	01.46 ♋	♌ ◑	♍ 19.36
8	♋	♌ 18.33	♍ ◯	♏	♐	♒	♓	08.29 ♉	♊ ◑	♋ ◑	05.36 ♍	♎
9	♋ ◯	♍	05.51 ♎	♏ 16.13	03.01 ♑	♒ 20.23	♓ 13.15	♉ ◑	♊ 17.50	♋ 12.56	♍	♎ 22.52
10	05.36 ♌	♍ 20.55	♎	♐	♑	♓	♈	♉ 21.12	♋	♌	10.36 ♎	♏
11	♌	♎	06.25 ♏	♐ 18.03	06.04 ♒	♓ ◑	♈ ◑	♊	♋	♌ 20.25	♎	♏ 23.23
12	10.45 ♍	♎ 23.02	♏	♑	♒ ◑	05.22 ♈	00.32 ♉	♊	04.02 ♌	♍	♎ 12.11	♐
13	♍	♏	07.55 ♐	♑ 22.49◑	♒ 12.43	♈	♉	09.29 ♋	♌	♍	♏ ●	♐22.44●
14	♍ 14.29	♏ ◑	♐	♒	♓	♈ 17.23	♉ 13.28	♋	10.32 ♍	00.03 ♎	11.53 ♐	♑
15	♎	01.57 ♐	11.25♑◑	♒	♓ 22.47	♉	♊	♋ 19.06	♍	♎ ●	♐	♑ 22.54
16	♎17.35◑	♐	♑	06.39 ♓	♈	♉	♊	♌	♍ 13.56●	01.07 ♏	11.37 ♑	♒
17	♏	06.04 ♑	♑ 17.13	♓	♈	06.25 ♊	01.32 ♋	♌ ●	♎	♏	♑	♒
18	♏ 20.30	♑	♒	♓ 17.00	11.04 ♉	♊	♋	01.34 ♍	♎ 15.47	01.27 ♐	♑ 13.11	01.49 ♓
19	♐	11.29 ♒	♒	♈	♉	♊18.35●	11.14♌●	♍	♏	♐	♒	♓
20	♐ 23.41	♒	01.06 ♓	♈	♉	♋	♌	05.46 ♎	♏ 17.35	02.42 ♑	♒17.56◐	08.44♈◐
21	♑	♒18.32●	♓	05.06♉●	00.06♊●	♋	♌ 18.25	♎	♐	♑	♓	♈
22	♑	♓	10.58♈●	♉	♊	04.48 ♌	♍	08.55 ♏	♐20.22◐	06.03♒◐	♓	♈ 19.26
23	03.54♒●	♓	♈	♉ 18.06	♊ 12.32	♌	♍ 23.39	♏	♑	♒	02.13 ♈	♉
24	♒	03.49 ♈	♈ 22.44	♊	♋	♌ 12.44	♎	11.51♐◐	♑	♒ 12.01	♈	♉
25	10.12 ♓	♈	♉	♊	♋ 23.12	♍	♎	♐	00.34 ♒	♓	♈ 13.19	08.14 ♊
26	♓	♈ 15.31	♉	06.43 ♋	♌	♍ 18.16	03.30♏◐	♐ 15.00	♒	♓ 20.32	♉	♊
27	♓ 19.29	♉	11.44 ♊	♋	♌	♎ ◐	♏	♑	06.25 ♓	♈	♉	♊ 21.08
28	♈	♉	♊	♋ 17.12	07.07♍◐	♎ 21.33	06.19 ♐	♑ 18.39	♓	♈	01.59♊◯	♋ ◯
29	♈	04.28 ♊	♊	♌ ◐	♍	♏	♐	♒	♓ 14.15	07.16♉◯	♊	♋
30	07.29 ♉		00.08♋◐	♌	11.47 ♎	♏ 23.05	08.30 ♑	♒ 23.32	♈ ◯	♉	♊ 14.56	08.46 ♌
31	♉ ◐		♋		♎		♑	♓ ◯		♉ 19.41		♌

21. Mai: Ringförmige Sonnenfinsternis 00.53 (♊); 4. Juni: Partielle Mondfinsternis 12.03 (♐);
13. November: Totale Sonnenfinsternis 23.12 (♏); 28. November: Halbschatten-Mondfinsternis 15.33 (♊)

2013	Jan.	Febr.	März	April	Mai	Juni	Juli	August	Sept.	Okt.	Nov.	Dez.
1	♌ 18.36	♎	♎ 18.35	♐	♑ 15.21	♓	♈ 22.44	♊	♋	♌ 19.53	♎	♏
2	♍	♎ 13.03	♏	06.36 ♑	♒ ◑	07.34 ♈	♉	♊	01.02 ♌	♍	♎ 18.36	07.32 ♐
3	♍	♏ ◑	♏ 22.12	♑ ◑	♒ 19.26	♈	♉	05.31 ♋	♌	♍	♏ ●	♐ ●
4	02.12 ♎	♏ 16.46	♐ ◑	09.43 ♒	♓	♈ 16.55	10.23 ♊	♋	11.45 ♍	04.01 ♎	♏ 21.15	07.51 ♑
5	♎ ◑	♐	♐	♒	♓	♉	♊	♋ 17.59	♍ ●	♎ ●	♐	♑
6	07.10 ♏	♐ 18.56	01.15 ♑	♒ 14.01	02.04 ♈	♉	♊ 23.15	♌ ●	♍ 20.14	09.34 ♏	♐ 22.45	07.54 ♒
7	♏	♑	♑	♓	♈	04.33 ♊	♋	♌	♎	♏	♑	♒
8	09.29 ♐	♑ 20.18	04.03 ♒	♓ 20.03	11.10 ♉	♊ ●	♋ ●	04.58 ♍	♎	♏ 13.23	♑	09.35 ♓
9	♐	♒	♒	♈	♉	♊ 17.17	11.49 ♌	♍	02.45 ♏	♐	00.31 ♒	♓ ◐
10	09.55 ♑	♒ 22.21 ●	07.20 ♓	♈ ●	♉ 22.22 ●	♋	♌	♍ 14.09	♏	♐ 16.18	♒ ◐	♓ 14.07
11	♑ ●	♓	♓ ●	04.23 ♉	♊	♋	♌ 23.13	♎	07.37 ♐	♑	03.37 ♓	♈
12	10.02 ♒	♓	♓ 12.18	♉	♊	05.59 ♌	♍	♎ 21.19	♐ ◐	♑ 19.01 ◐	♓	♈ 21.41
13	♒	02.52 ♈	♈	♉ 15.14	10.58 ♋	♌	♍	♏	10.57 ♑	♒	08.40 ♈	♉
14	11.50 ♓	♈	♈ 20.09	♊	♋	♌ 17.27	08.42 ♎	♏ ◐	♑	♒ 22.07	♈	♉
15	♓	11.09 ♉	♉	♊	♋ 23.29	♍	♎	02.05 ♐	♑ 13.06	♓	♈ 15.50	07.42 ♊
16	♓ 17.08	♉	♉	03.50 ♋	♌	♍ ◐	♎ 15.25 ◐	♐	♒	♓	♉	♊
17	♈	♉ 22.51 ◐	07.10 ♊	♋	♌	02.20 ♎	♏	04.26 ♑	♒ 14.59	02.19 ♈	♉ ○	♊ 19.18 ○
18	♈	♊	♊	♋ 16.15 ◐	10.34 ♍ ◐	♎	♏ 18.55	♑	♓	♈	01.08 ♊	♋
19	02.37 ♉ ◐	♊	♊ 19.56 ◐	♌	♍	07.40 ♏	♐	05.08 ♒	♓ 17.59 ○	08.28 ♉ ○	♊	♋
20	♉	11.46 ♋	♋	♌	♍ 18.08	♏	♐ 19.40	♒	♈	♉	♊ 12.24	07.49 ♌
21	♉ 15.05	♋	♋	02.10 ♍	♎	09.32 ♐	♑	05.44 ♓ ○	♈ 23.34	♉ 17.15	♋	♌
22	♊	♋ 23.13	07.51 ♌	♍	♎ 21.56	♐	♑ 19.08 ○	♓	♉	♊	♋	♌ 20.20
23	♊	♌	♌	08.26 ♎	♏	09.09 ♑ ○	♒	08.14 ♈	♉	♊	00.58 ♌	♍
24	04.01 ♋	♌	♌ 16.50	♎	♏ 22.50	♑	♒ 19.23	♈	08.35 ♊	04.37 ♋	♌	♍
25	♋	07.54 ♍ ○	♍	11.26 ♏ ○	♐ ○	08.28 ♒	♓	♈ 14.14	♊	♋	♌ 13.12 ◑	07.18 ♎ ◑
26	♋ 15.21	♍	♍ 22.33	♏	♐ 22.29	♒	♓ 22.30	♉	♊ 20.26	♋ 17.13	♍	♎
27	♌ ○	♍ 14.03	♎ ○	♏ 12.33	♑	09.33 ♓	♈	♉	♋ ◑	♌ ◑	♍ 23.01	♎ 14.59
28	♌	♎	♎	♐	♑ 22.49	♓	♈	00.09 ♊ ◑	♋	♌	♎	♏
29	00.28 ♍		01.55 ♏	♐ 13.22	♒	♓ 14.08	05.44 ♉ ◑	♊	08.58 ♌	04.46 ♍	♎	♏ 18.38
30	♍		♏	♑	♒	♈ ◑	♉	♊ 12.34	♌	♍	05.04 ♏	♐
31	07.37 ♎		04.14 ♐		01.31 ♓ ◑		♉ 16.43	♋		♍ 13.23		♐ 19.02

25. April: Partielle Mondfinsternis 21.08 (♏); 10. Mai: Ringförmige Sonnenfinsternis 01.25 (♉); 25. Mai: Halbschatten-Mondfinsternis 05.10 (♐); 19. Oktober: Halbschatten-Mondfinsternis 00.50 (♈); 3. November: Ringförmige totale Sonnenfinsternis 13.47 (♏)

2014	Jan.	Febr.	März	April	Mai	Juni	Juli	August	Sept.	Okt.	Nov.	Dez.
1	♑ ●	04.46 ♓	♓ ●	06.21 ♉	♊	♋	♌ 22.25	♎	♏ 18.18	05.42 ♑ ◐	♒ 17.38	02.15 ♈
2	♑ 18.04	♓	♓ 16.41	♉	♊	02.44 ♌	♍	♎	♐ ◐	♑	♓	♈
3	♒	05.56 ♈	♈	♉ 12.49	07.14 ♋	♌	♍	03.58 ♏	♐ 23.16	09.01 ♒	♓ 19.54	06.16 ♉
4	♒ 17.59	♈	♈ 20.13	♊	♋	♌ 15.21	10.44 ♎	♏ ◐	♑	♒	♈	♉
5	♓	10.48 ♉	♉	♊ 22.41	♋ 18.57	♍ ◐	♎ ◐	11.20 ♐	♑	10.25 ♓	♈ 22.34	11.29 ♊
6	♓ 20.46	♉ ◐	♉	♋	♌	♍	♎ 20.35	♐	01.00 ♒	♓	♉ ○	♊ ○
7	♈	♉ 19.45	03.38 ♊	♋ ◐	♌ ◐	03.02 ♎	♏	♐ 14.40	♒	11.08 ♈	♉	♊ 18.35
8	♈ ◐	♊	♊ ◐	10.51 ♌	07.25 ♍	♎	♏	♑	00.48 ♓	♈ ○	02.46 ♊	♋
9	03.25 ♉	♊	♊ 14.34	♌	♍	11.39 ♏	02.26 ♐	♑ 14.53	♓ ○	♈ 12.45	♊	♋
10	♉	07.34 ♋	♋	♌ 23.09	♍ 18.20	♏	♐	♒ ○	00.34 ♈	♉	09.39 ♋	04.15 ♌
11	♉ 13.27	♋	♋	♍	♎	♏ 16.24	04.26 ♑	♒ 13.56	♈	♉ 16.52	♋	♌
12	♊	♋ 20.16	03.10 ♌	♍	♎	♐	♑ ○	♓	02.18 ♉	♊	♋ 19.45	♌ 16.20
13	♊	♌	♌	09.34 ♎	02.08 ♏	♐ 18.06 ○	04.08 ♒	♓ 14.01	♉	♊	♌	♍
14	01.26 ♋	♌	♌ 15.19	♎	♏ ○	♑	♒	♈	07.27 ♊	00.31 ♋	♌ ◑	♍ ◑
15	♋	08.27 ♍ ○	♍	♎ 17.21 ○	06.45 ♐	♑ 18.28	03.41 ♓	♈ 16.59	♊	♋ ◑	08.09 ♍	05.06 ♎
16	♋ 14.02 ○	♍	♍ ○	♏	♐	♒	♓	♉	♊ 16.25 ◑	11.30 ♌	♍	♎
17	♌	♍ 19.24	01.47 ♎	♏ 22.45	09.13 ♑	♒ 19.27	05.08 ♈	♉ 23.42 ◑	♋	♌	♍ 20.31	♎ 15.53
18	♌	♎	♎	♐	♑	♓	♈	♊	♋	♌	♎	♏
19	02.24 ♍	♎	10.14 ♏	♐	10.59 ♒	♓ 22.27 ◑	09.44 ♉ ◑	♊	04.11 ♌	00.09 ♍	♎	♏ 22.56
20	♍	04.34 ♏	♏	02.29 ♑	♒	♈	♉	09.46 ♋	♌	♍	06.32 ♏	♐
21	♍ 13.44	♏	♏ 16.40	♑	♒ 13.19 ◑	♈	♉ 17.37	♋	♌ 16.55	♍ 12.13	♏	♐
22	♎	11.13 ♐ ◑	♐	05.19 ♒ ◑	♓	04.04 ♉	♊	♋ 21.50	♍	♎	♏ 13.20 ●	02.26 ♑ ●
23	♎ 22.45	♐	♐ 21.04	♒	♓ 17.02	♉	♊	♌	♍	♎ 22.11 ●	♐	♑
24	♏ ◑	♐ 14.51	♑ ◑	07.56 ♓	♈	♉ 12.07	04.00 ♋	♌	05.00 ♎ ●	♏	♐ 17.33	03.53 ♒
25	♏	♑	♑ 23.40	♓	♈ 22.29	♊	♋	10.34 ♍ ●	♎	♏	♑	♒
26	04.14 ♐	♑ 15.57	♒	11.02 ♈	♉	♊ 22.07	♋ 15.56 ●	♍	♎ 15.30	05.41 ♐	♑ 20.24	05.08 ♓
27	♐	♒	♒	♈	♉	♋ ●	♌	♍ 22.55	♏	♐	♒	♓
28	06.05 ♑	♒ 15.54	01.11 ♓	♈ 15.24	05.49 ♊ ●	♋	♌	♎	♏ 23.51	11.04 ♑	♒ 23.04	07.36 ♈ ◐
29	♑		♓	♉ ●	♊	09.44 ♌	04.38 ♍	♎	♐	♑	♓ ◐	♈
30	05.34 ♒ ●		02.55 ♈ ●	♉ 21.57	♊ 15.14	♌	♍	09.54 ♏	♐	♑ 14.53	♓	11.57 ♉
31	♒		♈		♋		♍ 17.10	♏		♒ ◐		♉

15. April: Totale Mondfinsternis 08.46 (♎); 29. April: Ringförmige Sonnenfinsternis 07.04 (♉);
8. Oktober: Totale Mondfinsternis 11.55 (♈); 23. Oktober: Partielle Sonnenfinsternis 22.45 (♏)

2015	Jan.	Febr.	März	April	Mai	Juni	Juli	August	Sept.	Okt.	Nov.	Dez.
1	♉ 18.10	♋	♋	♍	♎	♏ 19.40	10.12 ♑	♒ 23.37	♈	♉ 21.05	♋	♌
2	♊	♋ 18.42	00.35 ♌	♍	♎	♐ ○	♑ ○	♓	10.03 ♉	♊	♋ 16.49	11.10 ♍
3	♊	♌	♌	08.09 ♎	02.48 ♏	♐	♑ 13.22	♓	♉	♊	♌ ◑	♍ ◑
4	02.09 ♋	♌ ○	♌ 12.59	♎ ○	♏ ○	01.52 ♑	♒	00.25 ♈	♉ 12.49	01.23 ♋ ◑	♌	♍ 23.35
5	♋ ○	06.47 ♍	♍ ○	♎ 20.05	♏ 12.14	♑	♒ 15.24	♈	♊ ◑	♋	03.24 ♍	♎
6	♋ 12.04	♍	♍	♏	♐	06.03 ♒	♓	02.30 ♉	♊ 18.41	09.32 ♌	♍	♎
7	♌	♍ 19.45	01.53 ♎	♏	♐ 19.17	♒	♓ 17.39	♉ ◑	♋	♌	♍ 16.15	♎ 12.27
8	♌ 23.59	♎	♎	06.09 ♐	♑	09.17 ♓	♈ ◑	06.41 ♊	♋	♌ 20.52	♎	♏
9	♍	♎	♎ 14.11	♐	♑	♓ ◑	♈ 20.51	♊	03.37 ♌	♍	♎	♏ 23.26
10	♍	08.06 ♏	♏	♐ 13.48	00.23 ♒	♓ 12.15	♉	♊ 13.09	♌	♍	05.04 ♏	♐
11	♍ 12.58	♏	♏	♑	♒ ◑	♈	♉	♋	♌ 14.57	09.47 ♎	♏ ●	♐ ●
12	♎	♏ 17.48 ◑	00.31 ♐	♑ 18.45 ◑	03.54 ♓	♈ 15.17	01.17 ♊	♋ 21.53	♍	♎	♏ 16.15	07.48 ♑
13	♎ ◑	♐	♐ ◑	♒	♓	♉	♊	♌	♍ ●	♎ 22.39 ●	♐	♑
14	00.45 ♏	♐ 23.25	07.41 ♑	♒ 21.13	06.15 ♈	♉ 18.52	07.15 ♋	♌ ●	03.42 ♎	♏	♐	♑ 14.00
15	♏	♑	♑	♓	♈	♊	♋	08.47 ♍	♎	♏	01.22 ♑	♒
16	09.02 ♐	♑	11.15 ♒	♓ 22.01	08.03 ♉	♊ 23.52 ●	♋ 16.16 ●	♍	♎ 16.44	10.19 ♐	♑	♒ 18.46
17	♐	01.14 ♒	♒	♈	♉	♋	♌	♍ 21.24	♏	♐	08.25 ♒	♓
18	♐ 13.05	♒	11.59 ♓	♈ 22.32 ●	10.28 ♊ ●	♋	♌	♎	♏	♐ 19.53	♒	♓ 22.27 ◐
19	♑	00.49 ♓ ●	♓	♉	♊	07.24 ♌	01.48 ♍	♎	04.33 ♐	♑	♒ 13.23 ◐	♈
20	♑ 14.00 ●	♓	11.29 ♈ ●	♉	♊ 14.57	♌	♍	10.25 ♏	♐	♑ ◐	♓	♈
21	♒	00.14 ♈	♈	00.29 ♊	♋	♌ 18.00	♍ 14.24	♏	♐ 13.34 ◐	02.39 ♒	♓ 16.13	01.14 ♉
22	♒ 13.49	♈	11.41 ♉	♊	♋ 22.43	♍	♎	♏ 21.42 ◐	♑	♒	♈	♉
23	♓	01.29 ♉	♉	05.27 ♋	♌	♍	♎	♐	♑ 18.52	06.19 ♓	♈ 17.27	03.32 ♊
24	♓ 14.32	♉	♉ 14.24	♋	♌	06.42 ♎ ◐	03.08 ♏ ◐	♐	♒	♓	♉	♊
25	♈	05.55 ♊ ◐	♊	♋ 14.14	09.53 ♍ ◐	♎	♏	05.23 ♑	♒ 20.45	07.23 ♈	♉ 18.16 ○	06.28 ♋ ○
26	♈ 17.38	♊	♊ 20.46	♌ ◐	♍	♎ 18.58	♏ 13.26	♑	♓	♈	♊	♋
27	♉ ◐	♊ 13.51	♋ ◐	♌	♍ 22.43	♏	♐	09.05 ♒	♓ 20.30	07.08 ♉ ○	♊ 20.28	11.32 ♌
28	♉ 23.37	♋	♋	02.08 ♍	♎	♏	♐ 19.49	♒	♈ ○	♉	♋	♌
29	♊		06.49 ♌	♍	♎	04.22 ♐	♑	09.52 ♓ ○	♈ 19.58	07.25 ♊	♋	♌ 19.59
30	♊		♌	♍ 15.04	10.35 ♏	♐	♑ 22.41	♓	♉	♊	01.48 ♌	♍
31	08.10 ♋		♌ 19.13		♏		♒ ○	09.34 ♈		10.10 ♋		♍

20. März: Totale Sonnenfinsternis 10.46 (♓); 4. April: Partielle Mondfinsternis 13.00 (♎);
13. September: Partielle Sonnenfinsternis 07.54 (♍); 28. September: Totale Mondfinsternis 03.47 (♈)

2016	Jan.	Febr.	März	April	Mai	Juni	Juli	August	Sept.	Okt.	Nov.	Dez.
1	07.42 ♎	♏ ◑	00.57 ♐	♑	♒ 15.35	♈	♉ 12.45	♋	♍ ●	♎ ●	♏ 15.44	09.53 ♑
2	♎ ◑	♏ 16.51	♐ ◑	02.38 ♒	♓	03.48 ♉	♊	02.13 ♌ ●	♍	♎ 20.44	♐	♑
3	♎ 20.37	♐	11.03 ♑	♒	♓ 18.05	♉	♊ 14.21	♌	01.57 ♎	♏	♐	♑ 20.45
4	♏	♐	♑	06.47 ♓	♈	04.02 ♊	♋ ●	08.35 ♍	♎	♏	04.06 ♑	♒
5	♏	01.45 ♑	♑ 17.23	♓	♈ 18.11	♊ ●	♋ 17.29	♍	♎ 13.40	09.27 ♐	♑	♒
6	07.57 ♐	♑	♒	07.47 ♈	♉ ●	04.42 ♋	♌	♍ 17.58	♏	♐	♑ 14.56	05.32 ♓
7	♐	07.00 ♒	♒ 20.10	♈ ●	♉ 17.36	♋	♌ 23.42	♎	♏	♐ 21.41	♒ ◐	♓ ◐
8	♐ 16.08	♒ ●	♓	07.12 ♉	♊	07.48 ♌	♍	♎	02.21 ♐	♑	♒ 22.46	11.17 ♈
9	♑	08.32 ♓	♓ 20.41 ●	♉	♊ 18.25	♌	♍	05.53 ♏	♐ ◐	♑ ◐	♓	♈
10	♑ 21.24 ●	♓	♈	07.00 ♊	♋	♌ 14.47	09.33 ♎	♏ ◐	♐ 13.56	07.34 ♒	♓	♈ 13.42
11	♒	10.56 ♈	♈ 20.45	♊	♋ 22.33	♍	♎	♏ 18.25	♑	♒	02.46 ♈	♉
12	♒	♈	♉	09.08 ♋	♌	♍ ◐	♎ 21.53 ◐	♐	♑ 22.30	♒ 13.44	♈	♉ 13.42
13	00.55 ♓	♈ 12.37	♉ 22.05	♋	♌ ◐	01.34 ♎	♏	♐	♒	♓	03.25 ♉	♊
14	♓	♉	♊	♋ 14.54 ◐	06.53 ♍	♎	♏	05.12 ♑	♒	♓ 16.09	♉ ○	♊ 13.10 ○
15	03.49 ♈	♉ 15.36 ◐	♊ ◐	♌	♍	♎ 14.19	10.15 ♐	♑	03.24 ♓	♈	02.24 ♊	♋
16	♈	♊	01.58 ♋	♌	♍ 18.34	♏	♐	♑ 12.53	♓ ○	♈ 16.05 ○	♊	♋ 14.16
17	06.49 ♉ ◐	♊ 20.25	♋	00.24 ♍	♎	♏	♐ 20.34	♒	05.23 ♈	♉	01.58 ♋	♌
18	♉	♋	08.55 ♌	♍	♎	02.35 ♐	♑	♒ 17.35 ○	♈	♉ 15.31	♋	♌ 18.53
19	10.14 ♊	♋	♌	♍ 12.25	07.31 ♏	♐	♑ ○	♓	05.59 ♉	♊	04.16 ♌	♍
20	♊	03.18 ♌	♌ 18.40	♎	♏	♐ 12.56 ○	04.11 ♒	♓ 20.20	♉	♊ 16.29	♌	♍
21	♊ 14.29	♌	♍	♎	♏ 19.49 ○	♑	♒	♈	06.54 ♊	♋	10.35 ♍ ◑	03.41 ♎ ◑
22	♋	♌ 12.25 ○	♍	01.19 ♏ ○	♐	♑ 21.10	09.36 ♓	♈ 22.20	♊	♋ 20.35 ◑	♍	♎
23	♋ 20.22	♍	06.24 ♎ ○	♏	♐	♒	♓	♉	09.34 ♋ ◑	♌	♍ 20.43	♎ 15.34
24	♌ ○	♍ 23.43	♎	♏ 13.47	06.35 ♑	♒	♓ 13.34	♉	♋	♌	♎	♏
25	♌	♎	♎ 19.10	♐	♑	03.32 ♓	♈	00.41 ♊ ◑	♋ 14.49	04.17 ♍	♎	♏
26	04.47 ♍	♎	♏	♐	♑ 15.28	♓	♈ 16.39	♊	♌	♍	09.03 ♏	04.20 ♐
27	♍	♎ 12.27	♏	00.56 ♑	♒	08.09 ♈ ◑	♉ ◑	04.07 ♋	♌ 22.44	♍ 14.52	♏	♐
28	♍ 16.00	♏	07.47 ♐	♑	♒ 22.07	♈	♉ 19.18	♋	♍	♎	♏ 21.47	♐ 16.13
29	♎	♏	♐	09.48 ♒	♓ ◑	11.04 ♉	♊	09.13 ♌	♍	♎	♐ ●	♑ ●
30	♎		♐ 18.46	♒ ◑	♓	♉	♊ 22.10	♌	08.53 ♎	03.02 ♏ ●	♐	♑
31	04.51 ♏		♑ ◑		02.10 ♈		♋	♌ 16.23		♏		02.30 ♒

9. März: Totale Sonnenfinsternis 02.57 (♓); 23. März: Halbschatten-Mondfinsternis 12.47 (♎);
1. September: Ringförmige Sonnenfinsternis 10.07 (♍); 16. September: Halbschatten-Mondfinsternis 19.54 (♓)

2017	Jan.	Febr.	März	April	Mai	Juni	Juli	August	Sept.	Okt.	Nov.	Dez.
1	♒	♈	♈	♊	♋	♍ ◑	♎ ◑	♏ 13.02	♑	♒	07.44 ♈	♉
2	10.58 ♓	♈	08.44 ♉	♊ 19.28	05.13 ♌	♍	♎ 18.00	♐	♑ 21.07	♒ 15.27	♈	♉ 22.22
3	♓	02.51 ♉	♉	♋ ◑	♌ ◑	01.05 ♎	♏	♐	♒	♓	10.47 ♉	♊ ○
4	♓ 17.21	♉ ◑	11.07 ♊	♋ 23.14	10.48 ♍	♎	♏	01.38 ♑	♒	♓ 21.41	♉ ○	♊ 21.38
5	♈ ◑	05.45 ♊	♊ ◑	♌	♍	11.47 ♏	06.09 ♐	♑	06.29 ♓	♈ ○	11.27 ♊	♋
6	♈ 21.19	♊	♊ 13.55	♌	♍ 19.21	♏	♐	♑ 13.17	♓ ○	♈	♊	♋ 21.38
7	♉	08.04 ♋	♋	05.21 ♍	♎	♏	♐ 18.46	♒ ○	♓ 13.02	00.57 ♉	11.46 ♋	♌
8	♉ 23.07	♋	♋ 17.47	♍	♎	00.00 ♐	♑	♒ 22.57	♈	♉	♋	♌
9	♊	10.42 ♌	♌	♍ 13.35	06.02 ♏	♐ ○	♑ ○	♓	♈ 17.24	02.46 ♊	♋ 13.30	00.10 ♍
10	♊ 23.50	♌	♌ 23.08	♎	♏ ○	♐ 12.37	06.36 ♒	♓	♉	♊	♌ ◐	♍ ◐
11	♋	♌ 14.53 ○	♍	♎ 23.43 ○	♏ 18.01	♑	♒	06.23 ♈	♉ 20.30	04.39 ♋	♌ 17.42	06.02 ♎
12	♋ ○	♍	♍ ○	♏	♐	♑	♒ 16.52	♈	♊	♋ ◐	♍	♎
13	01.09 ♌	♍ 21.44	06.29 ♎	♏	♐	00.46 ♒	♓	11.41 ♉	♊ 23.13 ◐	07.42 ♌	♍	♎ 15.00
14	♌	♎	♎	11.28 ♐	06.39 ♑	♒	♓	♉	♋	♌	00.27 ♎	♏
15	04.53 ♍	♎	♎ 16.12	♐	♑	11.19 ♓	00.53 ♈	♉ 15.07 ◐	♋	♌ 12.20	♎	♏
16	♍	07.42 ♏	♏	♐	♑ 18.51	♓	♈ ◐	♊	02.10 ♌	♍	09.20 ♏	02.08 ♐
17	♍ 12.17	♏	♏	00.06 ♑	♒	♓ 18.56 ◐	06.05 ♉	♊ 17.14	♌	♍ 18.36	♏	♐
18	♎	♏ 19.53 ◐	04.01 ♐	♑	♒	♈	♉	♋	05.53 ♍	♎	♏ 20.00 ●	♐ 14.35 ●
19	♎ 23.10 ◐	♐	♐	11.53 ♒ ◐	04.53 ♓ ◐	♈ 22.54	08.32 ♊	♋ 18.56	♍	♎ ●	♐	♑
20	♏	♐	♐ 16.32 ◐	♒	♓	♉	♊	♌	11.07 ♎ ●	02.42 ♏	♐	♑
21	♏	08.09 ♑	♑	♒ 20.44	11.12 ♈	♉ 23.45	09.11 ♋	♌ 21.26 ●	♎	♏	08.15 ♑	03.30 ♒
22	11.46 ♐	♑	♑	♓	♈	♊	♋	♍	♎ 18.41	♏ 12.58	♑	♒
23	♐	♑ 18.18	03.29 ♒	♓	♈ 13.34	♊ 23.08	09.35 ♌ ●	♍	♏	♐	♑ 21.15	♒ 15.43
24	♐ 23.44	♒	♒	01.34 ♈	♉	♋ ●	♌	02.06 ♎	♏	♐	♒	♓
25	♑	♒	11.08 ♓	♈	♉ 13.16 ●	♋ 23.08	11.33 ♍	♎	05.02 ♐	01.13 ♑	♒	♓
26	♑	01.25 ♓ ●	♓	02.57 ♉ ●	♊	♌	♍	09.54 ♏	♐	♑	09.05 ♓ ◑	01.28 ♈ ◑
27	09.38 ♒	♓	♓ 15.12	♉	♊ 12.26	♌	♍ 16.38	♏	♐ 17.25	♑ 14.00 ◑	♓	♈
28	♒ ●	05.53 ♈	♈ ●	02.40 ♊	♋	01.42 ♍	♎	♏ 20.49	♑ ◑	♒	♓ 17.31	07.24 ♉
29	♒ 17.11		♈ 16.49	♊	♋ 13.13	♍	♎	♐ ◑	♑	♒	♈	♉
30	♓		♉	02.49 ♋	♌	08.03 ♎	01.24 ♏ ◑	♐	05.41 ♒	00.47 ♓	♈ 21.39	09.32 ♊
31	♓ 22.48		♉ 17.41		♌ 17.17		♏	09.20 ♑		♓		♊

11. Februar: Halbschatten-Mondfinsternis 01.44 (♌); 26. Februar: Ringförmige Sonnenfinsternis 15.54 (♓);
7. August: Partielle Mondfinsternis 19.21 (♒); 21. August: Totale Sonnenfinsternis 19.26 (♌)

2018	Jan.	Febr.	März	April	Mai	Juni	Juli	August	Sept.	Okt.	Nov.	Dez.
1	09.11 ♋	♌ 20.14	06.59 ♍	♎ 23.58	♏ 16.21	♑	♒	11.56 ♈	♉	♊ 19.02	♌	♍ 15.50
2	♋ ○	♍	♍ ○	♏	♐	♑ 23.07	♒ 18.32	♈	09.03 ♊	♋ ◑	06.49 ♍	♎
3	08.24 ♌	♍ 22.48	09.22 ♎	♏	♐	♒	♓	♈ 20.52	♊ ◑	♋ 22.13	♍	♎ 20.56
4	♌	♎	♎	07.56 ♐	03.07 ♑	♒	♓	♉ ◑	♊ 13.05	♌	10.02 ♎	♏
5	09.13 ♍	♎	♎ 14.24	♐	♑	11.55 ♓	05.51 ♈	♉	♋	♌	♎	♏
6	♍	04.58 ♏	♏	♐ 19.02	♑ 15.50	♓ ◑	♈ ◑	02.33 ♊	♋ 14.55	00.20 ♍	♎ 14.03	03.50 ♐
7	♍ 13.16	♏ ◑	♏ 23.04	♑	♒	♓ 22.27	♈ 13.52	♊	♌	♍	♏ ●	♐ ●
8	♎ ◑	♏ 14.55	♐	♑ ◑	♒ ◑	♈	♉	05.02 ♋	♌ 15.30	02.11 ♎	♏ 20.01	♐ 13.03
9	♎ 21.07	♐	♐ ◑	07.51 ♒	04.12 ♓	♈	♉ 17.59	♋	♍ ●	♎ ●	♐	♑
10	♏	♐	10.53 ♑	♒	♓	05.05 ♉	♊	05.19 ♌	♍ 16.21	05.10 ♏	♐	♑
11	♏	03.22 ♑	♑	♒ 19.41	♓ 13.41	♉	♊ 19.00	♌ ●	♎	♏	04.56 ♑	00.41 ♒
12	08.05 ♐	♑	♑ 23.46	♓	♈	07.54 ♊	♋	05.00 ♍	♎ 19.16	10.54 ♐	♑	♒
13	♐	♑ 16.13	♒	♓	♈ 19.16	♊ ●	♋ 18.32 ●	♍	♏	♐	♑ 16.46	♒ 13.41
14	♐ 20.43	♒	♒	04.27 ♈	♉	08.21 ♋	♌	05.58 ♎	♏	♐ 20.18	♒	♓
15	♑	♒ ●	11.13 ♓	♈	♉ 21.44 ●	♋	♌ 18.32	♎	01.46 ♐	♑	♒ ◐	♓ ◐
16	♑	03.43 ♓	♓	09.52 ♉ ●	♊	08.22 ♌	♍	09.55 ♏	♐	♑ ◐	05.43 ♓	01.45 ♈
17	09.33 ♒ ●	♓	♓ 19.58 ●	♉	♊ 22.48	♌	♍ 20.43	♏	♐ 12.09 ◐	08.37 ♒	♓	♈
18	♒	♓ 13.06	♈	♉ 13.03	♋	09.42 ♍	♎	♏ 17.46 ◐	♑	♒	♓ 16.57	10.38 ♉
19	♒ 21.28	♈	♈	♊	♋	♍	♎ ◐	♐	♑	♒ 21.22	♈	♉
20	♓	♈ 20.13	02.08 ♉	♊ 15.28	00.12 ♌	♍ 13.30 ◐	02.14 ♏	♐	00.53 ♒	♓	♈	♉ 15.36
21	♓	♉	♉	♋	♌	♎	♏	05.02 ♑	♒	♓	00.44 ♉	♊
22	07.28 ♈	♉	06.31 ♊	♋ 18.10 ◐	03.04 ♍ ◐	♎ 20.12	11.13 ♐	♑	♒ 13.28	07.59 ♈	♉	♊ 17.29 ○
23	♈	01.09 ♊ ◐	♊	♌	♍	♏	♐	♑ 17.57	♓	♈	05.12 ♊ ○	♋
24	♈ 14.41 ◐	♊	09.54 ♋ ◐	♌ 21.41	07.53 ♎	♏	♐ 22.50	♒	♓	♈ 15.34 ○	♊	♋ 18.00
25	♉	04.07 ♋	♋	♍	♎	05.30 ♐	♑	♒	00.05 ♈ ○	♉	07.39 ♋	♌
26	♉ 18.41	♋	♋ 12.46	♍	♎ 14.41	♐	♑	06.33 ♓ ○	♈	♉ 20.42	♋	♌ 18.51
27	♊	05.43 ♌	♌	02.14 ♎	♏	♐ 16.53	11.42 ♒ ○	♓	08.17 ♉	♊	09.36 ♌	♍
28	♊ 19.59	♌	♌ 15.31	♎	♏ 23.20	♑ ○	♒	♓ 17.36	♉	♊	♌	♍ 21.24
29	♋		♍	08.13 ♏	♐ ○	♑	♒	♈	♉ 14.27	00.28 ♋	♌ 12.09	♎ ◑
30	♋ 19.54		♍ 18.53	♏ ○	♐	05.38 ♒	00.29 ♓	♈	♊	♋	♍ ◑	♎
31	♌ ○		♎ ○		10.28 ♑		♓	02.31 ♉		03.43 ♌ ◑		02.24 ♏

31. Januar: Totale Mondfinsternis 14.30 (♌); 15. Februar: Partielle Sonnenfinsternis 21.52 (♒); 13. Juli: Partielle Sonnenfinsternis 04.01 (♋); 27. Juli: Totale Mondfinsternis 21.22 (♒); 11. August: Partielle Sonnenfinsternis 10.46 (♌)

2019	Jan.	Febr.	März	April	Mai	Juni	Juli	August	Sept.	Okt.	Nov.	Dez.
1	♏	01.48 ♑	♑	♒ 15.49	11.25 ♈	♉	♊	♌ ●	00.09 ♎	♏	03.39 ♑	♒
2	10.00 ♐	♑	♑ 20.07	♓	♈	♉ 12.49	02.25 ♋ ●	♌ 14.22	♎	♏ 12.45	♑	♒
3	♐	♑ 14.04	♒	♓	♈ 21.19	♊ ●	♋	♍	00.36 ♏	♐	♑ 12.21	08.12 ♓
4	♐ 19.56	♒ ●	♒	03.58 ♈	♉ ●	♊ 17.18	04.20 ♌	♍ 14.31	♏	♐ 18.44	♒ ◑	♓ ◑
5	♑	♒	09.12 ♓	♈ ●	♉	♋	♌	♎	04.09 ♐	♑ ◑	♒	♓ 20.46
6	♑ ●	03.03 ♓	♓ ●	♈ 14.07	04.41 ♊	♋ 20.17	05.26 ♍	♎ 16.33	♐ ◑	♑	00.09 ♓	♈
7	07.47 ♒	♓	♓ 21.29	♉	♊	♌	♍	♏ ◑	11.38 ♑	04.43 ♒	♓	♈
8	♒	♓ 15.35	♈	♉ 22.16	10.08 ♋	♌ 22.46	07.08 ♎	♏ 21.36	♑	♒	♓ 12.50	08.30 ♉
9	♒ 20.45	♈	♈	♊	♋	♍	♎ ◑	♐	♑ 22.25	♒ 17.06	♈	♉
10	♓	♈	08.11 ♉	♊	♋ 14.15	♍ ◑	10.30 ♏	♐	♒	♓	♈	♉ 17.48
11	♓	02.30 ♉	♉	04.32 ♋	♌	01.30 ♎	♏	05.51 ♑	♒	♓	00.19 ♉	♊
12	09.19 ♈	♉ ◑	♉ 16.49	♋ ◑	♌ 17.23 ◑	♎	♏ 16.06	♑	10.53 ♓	05.47 ♈	♉ ○	♊ ○
13	♈	10.33 ♊	♊	08.51 ♌	♍	05.04 ♏	♐	♑ 16.37	♓	♈ ○	09.47 ♊	00.24 ♋
14	♈ 19.32 ◑	♊	♊ 22.50 ◑	♌	♍ 19.52	♏	♐	♒	♓ 23.34 ○	♈ 17.25	♊	♋
15	♉	♊ 15.04	♋	11.15 ♍	♎	10.04 ♐	00.06 ♑	♒ ○	♈	♉	♊ 17.16	04.57 ♌
16	♉	♋	♋	♍	♎ 22.27	♐	♑ ○	04.51 ♓	♈	♉	♋	♌
17	02.01 ♊	♋ 16.22	01.58 ♌	♍ 12.23	♏	♐ 17.14 ○	10.20 ♒	♓	11.32 ♉	03.31 ♊	♋ 22.58	08.17 ♍
18	♊	♌	♌	♎	♏ ○	♑	♒	♓ 17.34	♉	♊	♌	♍
19	04.45 ♋	♌ 15.48 ○	02.42 ♍	♎ 13.42 ○	02.22 ♐	♑	♒ 22.20	♈	♉ 21.59	11.44 ♋	♌ ◐	11.06 ♎ ◐
20	♋	♍	♍	♏	♐	03.02 ♒	♓	♈	♊	♋	02.56 ♍	♎
21	04.56 ♌ ○	♍ 15.18	02.29 ♎ ○	♏ 17.00	08.57 ♑	♒	♓	05.38 ♉	♊	♋ 17.30 ◐	♍	♎ 13.58
22	♌	♎	♎	♐	♑	♒ 15.03	11.03 ♈	♉	05.51 ♋ ◐	♌	05.21 ♎	♏
23	04.23 ♍	♎ 16.57	03.17 ♏	♐ 23.51	♑ 18.50	♓	♈	♉ 15.35 ◐	♋	♌ 20.31	♎	♏ 17.35
24	♍	♏	♏	♑	♒	♓	♈ 22.43	♊	10.20 ♌	♍	06.59 ♏	♐
25	05.04 ♎	♏ 22.21	07.07 ♐	♑	♒	03.39 ♈ ◐	♉ ◐	♊ 22.06	♌	♍ 21.21	♏	♐ 22.46
26	♎	♐ ◐	♐	10.28 ♒ ◐	07.09 ♓ ◐	♈	♉	♋	11.38 ♍	♎	09.12 ♐ ●	♑ ●
27	08.32 ♏ ◐	♐	♐ 15.09	♒	♓	♈ 14.33	07.30 ♊	♋	♍	♎ 21.30	♐	♑
28	♏	07.49 ♑	♑ ◐	♒ 23.13	♓ 19.33	♉	♊	00.55 ♌	11.04 ♎ ●	♏ ●	♐ 13.34	06.22 ♒
29	♏ 15.34		♑	♓	♈	♉ 22.10	♊ 12.32	♌	♎	♏ 23.00	♑	♒
30	♐		02.47 ♒	♓	♈	♊	♋	00.58 ♍ ●	10.43 ♏	♐	♑ 21.14	♒ 16.43
31	♐		♒		05.44 ♉		♋ 14.19	♍		♐		♓

6. Januar: Partielle Sonnenfinsternis 02.42 (♑); 21. Januar: Totale Mondfinsternis 06.12 (♌); 2. Juli: Totale Sonnenfinsternis 20.23 (♋);
16. Juli: Partielle Mondfinsternis 22.31 (♑); 26. Dezember: Ringförmige Sonnenfinsternis 06.18 (♑)

2020	Jan.	Febr.	März	April	Mai	Juni	Juli	August	Sept.	Okt.	Nov.	Dez.
1	♓	01.29 ♉	♉ 20.22	♋ ◐	♌	♎	♏	♑	10.35 ♓	03.48 ♈ ○	♉	♊
2	05.02 ♈	♉ ◐	♊ ◐	♋ 19.27	06.36 ♍	♎ 17.07	02.22 ♐	♑ 19.12	♓ ○	♈	11.01 ♊	04.34 ♋
3	♈ ◐	♉ 12.30	♊	♌	♍	♏	♐	♒ ○	♓ 21.23	♈ 16.14	♊	♋
4	♈ 17.16	♊	05.26 ♋	♌ 22.20	08.11 ♎	♏ 18.18	05.49 ♑	♒	♈	♉	♊ 22.47	♋ 13.54
5	♉	♊ 20.04	♋	♍	♎	♐ ○	♑ ○	03.29 ♓	♈	♉	♋	♌
6	♉	♋	10.29 ♌	♍ 22.17	08.06 ♏	♐ 20.45	11.09 ♒	♓	09.45 ♉	05.04 ♊	♋	♌ 20.47
7	03.12 ♊	♋ 23.46	♌	♎	♏ ○	♑	♒	♓ 14.06	♉	♊	08.19 ♌	♍
8	♊	♌	11.48 ♍	♎21.18 ○	08.16 ♐	♑	♒ 19.14	♈	♉ 22.29	♊ 16.47	♌ ◑	♍ ◑
9	09.44 ♋	♌ ○	♍ ○	♏	♐	01.55 ♒	♓	♈	♊	♋	♌ 14.31	01.02 ♎
10	♋ ○	00.40 ♍	11.04 ♎	♏ 21.36	10.40 ♑	♒	♓	02.29 ♉	♊ ◑	♋ ◑	♍	♎
11	♋ 13.17	♍	♎	♐	♑	10.33 ♓	06.07 ♈	♉ ◑	09.24 ♋	01.26 ♌	♍ 17.11	03.00 ♏
12	♌	00.38 ♎	10.29 ♏	♐	♑ 16.40	♓	♈	♉ 14.47	♋	♌	♎	♏
13	♌ 15.08	♎	♏	01.06 ♑	♒	♓22.04 ◑	♈18.35 ◑	♊	♋ 16.34	05.57 ♍	♎ 17.20	03.40 ♐
14	♍	01.38 ♏	♏ 12.10	♑ ◑	♒ ◑	♈	♉	♊	♌	♍	♏	♐ ●
15	♍ 16.44	♏ ◑	♐	08.38 ♒	02.26 ♓	♈	♉	00.37 ♋	♌ 19.38	06.55 ♎	♏16.48 ●	04.36 ♑
16	♎	05.08 ♐	♐17.26 ◑	♒	♓	10.37 ♉	06.20 ♊	♋	♍	♎ ●	♐	♑
17	♎19.22 ◑	♐	♑	♒ 19.31	♓ 14.37	♉	♊	06.40 ♌	♍19.57 ●	06.07 ♏	♐ 17.36	07.28 ♒
18	♏	11.38 ♑	♑	♓	♈	♉ 22.01	♊ 15.25	♌	♎	♏	♑	♒
19	♏ 23.42	♑	02.17 ♒	♓	♈	♊	♋	09.21 ♍ ●	♎ 19.34	05.44 ♐	♑ 21.26	♒ 13.40
20	♐	♑ 20.43	♒	08.01 ♈	03.12 ♉	♊	♋21.17 ●	♍	♏	♐	♒	♓
21	♐	♒	♒ 13.34	♈	♉	07.03 ♋ ●	♌	10.17 ♎	♏ 20.33	07.45 ♑	♒	♓ 23.33
22	06.01 ♑	♒	♓	♈ 20.37	♉14.37 ●	♋	♌	♎	♐	♑	05.07 ♓ ◐	♈ ◐
23	♑	07.38 ♓ ●	♓	♉ ●	♊	♋ 13.34	00.41 ♍	11.17 ♏	♐	♑ 13.18 ◐	♓	♈
24	♑ 14.22 ●	♓	01.59 ♈ ●	♉	♊	♌	♍	♏	00.17 ♑ ◐	♒	♓ 16.06	11.57 ♉
25	♒	♓ 19.48	♈	08.21 ♊	00.10 ♋	♌ 18.06	02.55 ♎	♏13.50 ◐	♑	♒ 22.19	♈	♉
26	♒	♈	♈ 14.38	♊	♋	♍	♎	♐	07.09 ♒	♓	♈	♉
27	00.45 ♓	♈	♉	♊ 18.29	07.34 ♌	♍ 21.18	05.13 ♏ ◐	♐ 18.38	♒	♓	04.44 ♉	00.34 ♊
28	♓	08.31 ♉	♉	♋	♌	♎ ◐	♏	♑	♒ 16.35	09.46 ♈	♉	♊
29	♓ 12.52	♉	02.39 ♊	♋	♌ 12.41	♎ 23.49	08.26 ♐	♑	♓	♈	♉ 17.17	11.29 ♋
30	♈		♊	02.07 ♌ ◐	♍ ◐	♏	♐	01.38 ♒	♓	♈ 22.20	♊ ○	♋ ○
31	♈		♊ 12.44		♍ 15.39		♐ 12.59	♒		♉ ○		♋ 19.59

10. Januar: Halbschatten-Mondfinsternis 20.10 (♋); 5. Juni: Halbschatten-Mondfinsternis 20.25 (♐); 21. Juni: Ringförmige Sonnenfinsternis 07.40 (♋); 5. Juli: Halbschatten-Mondfinsternis 05.30 (♑); 30. November: Halbschatten-Mondfinsternis 10.43 (♊); 14. Dezember: Totale Sonnenfinsternis 17.14 (♐)

Register

Impressum

Originalausgabe
© 2005 by Wilhelm Heyne Verlag, München

Der Wilhelm Heyne Verlag ist ein Verlag der Verlagsgruppe Random House GmbH
www.heyne.de

Die Verwendung der Texte und Bilder, auch auszugsweise, ist ohne Zustimmung des Verlages urheberrechtswidrig und strafbar. Das gilt auch für Vervielfältigungen, Übersetzungen, Mikroverfilmungen und die Verbreitung mit elektronischen Systemen.

Wichtiger Hinweis

Das vorliegende Buch ist sorgfältig erarbeitet worden. Dennoch erfolgen alle Angaben ohne Gewähr. Weder die Autorin noch der Verlag können für eventuelle Schäden, die aus den im Buch gegebenen Hinweisen resultieren, eine Haftung übernehmen.

Bildnachweis
AKG Images 6, 62
Premium 24
Ullstein-Bild 10

Redaktion
Christoph Taschner
Bildredaktion
Dietlinde Orendi
Layout, Satz, DTP
v|Büro – Jan-Dirk Hansen, München
Coverdesign
Lore Wildpanner unter Verwendung eines Fotos von Mauritius (Age)
Druck und Verarbeitung
Westermann Druck, Zwickau

Printed in Germany

Gedruckt auf chlor- und säurefreiem Papier

ISBN 3-453-12024-8

Die Mondkalender von Helga Föger für das Jahr 2006 bei Heyne/Ludwig

Mit dem Mond leben 2006 Taschenkalender, ISBN 3-453-23527-4
Mondleben 2006 Wandkalender, ISBN 3-453-23531-2
Mondkalender für jeden Tag 2006 Taschenkalender, ISBN 3-453-23564-9
Mondkalender für jeden Tag 2006 Abreißkalender, ISBN 3-453-23565-7
Der große Mondkalender 2006 ISBN 3-453-23566-5